Nootboek

CANTAL

Nootboek

Eigen kennis en kunde
muziek voor de Pabo

Auteurs:
Marijke Martens
Hans van Eerden
Sjef Bergervoet

Redactie: Cantal bv, Rosmalen
Conceptuele vormgeving: Studio Wittenberg, Schijndel
Opmaak: Studio van Elten, 's-Hertogenbosch
Drukwerk: Nextprint, 's-Hertogenbosch

ISBN: 978 94 90681 340
1e druk, 1e gecorrigeerde oplage

Bij deze uitgave hoort de website
https://nootboek.nu

Licentiecode Z6JXmSv246sc

Registreer jezelf met deze licentiecode op: https://nootboek.nu.
Je krijgt dan een gebruikersnaam en wachtwoord.

Let op:
Je kunt met deze licentiecode vanaf één locatie tegelijkertijd werken. Als jij – of een ander – op een tweede locatie inlogt, logt 'Nootboek' op de eerste locatie uit.

De licentiecode is gekoppeld aan je email. Geef je de licentiecode uit handen, dan werkt die ander dus met jouw email. Dat is ook het geval als je Nootboek verkoopt.

Inhoud

Nootboek richt zich op jouw 'Kennis en kunde', met ander woorden: wat moet jij weten en kunnen om een goede muziekles te geven. Zonder de inbreng van jouw muzikale kennis en vaardigheden blijft zo'n muziekles immers – hoe doordacht, leuk en goed georganiseerd dan ook - een lege dop.

Allereerst sta je in hoofdstuk 1 stil bij de vragen 'Wat is muziek?' en 'Hoe uit muziek zich in menselijk gedrag?'. Je leert dat muziek bestaat uit drie aspecten die met elkaar verweven zijn: klank, vorm en betekenis. Je leert ook dat je muzikaal gedrag kunt beschrijven, begrijpen en ontwikkelen aan de hand van die drie aspecten.

In de hoofdstukken 2 tot en met 7 komt dat muzikale gedrag volop aan de orde: zingen, luisteren, bewegen, lezen en noteren (in twee hoofdstukken) en muziek maken. In al die hoofdstukken wordt steeds en uitdrukkelijk de koppeling gelegd met de drie aspecten van muziek. En steeds gaat het daarbij om de vraag: Wat moet jij weten en kunnen?

In hoofdstuk 8 onderzoek je aan de hand van het vijfhoekmodel wat muzieklessen – al of niet uit een methode - van jou vragen, hoe je dat in kaart kunt brengen en hoe je die kennis en kunde kunt verwerven. In hoofdstuk 9 denk je na over het belang dat jij aan goed muziekonderwijs hecht. Waarom geef jij eigenlijk muziekles?

Voorwoord

Je hebt bewust gekozen voor de opleiding Pedagogische academie basisonderwijs, de Pabo. Je wilt blijkbaar bewust een verschil maken in het leven van kinderen van 4 tot en met (ongeveer) 12 jaar. Muziek geeft je de mogelijkheid dat verschil te maken.

Kinderen reageren spontaan op muziek. Je kunt ze ermee uitdagen, opjutten, weer stil krijgen, heel veel plezier schenken en steunen als het ff niet loopt. Je kunt ze leren dat muziek ontspanning, troost en kracht kan bieden.
Jij bent daarin hun juf of meester, jij schenkt hen dat plezier en die beleving en jij zorgt ervoor dat ze naar muziek (leren) luisteren, muziek (leren) voelen en muziek (leren) begrijpen. Je neemt ze bij de hand, legt het ze uit en laat het hen ervaren.

Maar daarvoor moet jij zelf wel het nodige in huis hebben!

Wij hopen dat Nootboek je helpt je eigen kennis en vaardigheid zo te vergroten dat jij dat verschil kunt maken. We wensen je daarmee veel succes en plezier!

Marijke Martens, auteur
Hans van Eerden, auteur
Sjef Bergervoet, uitgever

Hoofdstuk 1

MUZIEK EN MUZIKAAL GEDRAG

Muziek is klank die in een vorm is gezet en betekenis heeft voor mensen.

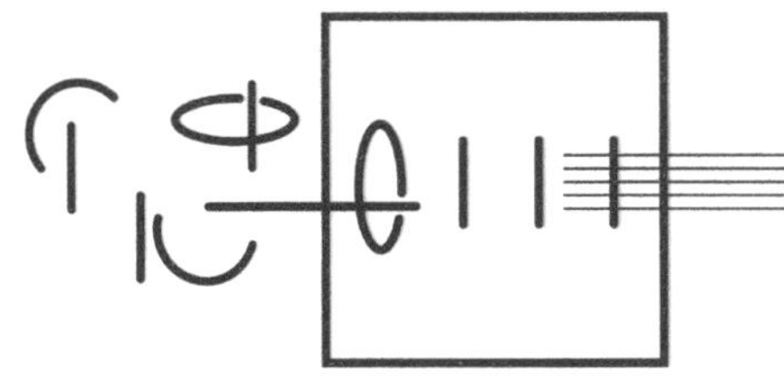

Dit hoofdstuk staat stil bij twee centrale vragen:
1. Wat is muziek?
2. Wat doen mensen met muziek?

Hoofdstuk 1 staat bovendien – kort – stil bij de implicaties van de antwoorden op beide vragen voor de relatie tussen muziekonderwijs en andere (creatieve) vakken.

1.1 WAT IS MUZIEK?

Muziek bestaat uit de drie elementen: klank, vorm en betekenis. Om deze elementen te beschrijven wordt algemeen gebruik gemaakt van het KVB-model. Dat gebeurt ook in de 'Kennisbasis muziek' en de leerlijnen van de SLO die uitgewerkt zijn voor de domeinen en relevante werkvormen (zie website).

Samenvattend

Klank:

Begrippen	**Inhoud**	**Voorbeelden**
Toonduur	Maat, ritme, tempo en articulatie	Maatsoorten, notenwaarden, rusten, verbindingsboog, puncteren, termen
Toonhoogte	Melodie, harmonie	Noten en voortekens, akkoorden
Toonsterkte	Volume Dynamiek	Decibel Tekens en termen
Klankkleur	Karakter klank: vanwege o.a. instrument, speelwijze, materiaal	Instrumenten, stemmen, speelwijze, ensembles en koren

Vorm:

Begrippen	**Inhoud**	**Voorbeelden**
Vormprincipes	Herhaling, contrast en variatie	Refrein, couplet, thema's, improvisatie
Compositievormen	Toepassing van de principes	Canon, rondo, blues schema, couplet, refrein

Betekenis:

Begrippen	**Typering**	**Voorbeelden**
Programmamuziek	Bedoeling van de componist	Omgeving, mensen, dieren, gebeurtenissen, stemming en sfeer
Eigen interpretatie	Muzikant/luisteraar	Associaties, herinneringen, emoties
Functies van muziek	Praktisch, psychologisch	Communicatie: muziek ondersteunt, activeert, ontspant, verbindt

1.2 Wat is muzikaal gedrag?

Muzikaal gedrag is het gedrag dat mensen vertonen in relatie tot muziek:

1. Zingen.
2. Luisteren.
3. Bewegen.
4. Lezen en noteren (grafisch en traditioneel).
5. Muziek maken.

Deze vijf gebieden (domeinen) moet je beheersen om 'inhoudelijk competent' te zijn en verantwoord muziekonderwijs te kunnen geven.

1.3 Muziek en muzikaal gedrag – samenhang

Door te 'plukken' uit de drie aspecten en de domeinen kom je tot een verantwoorde les:

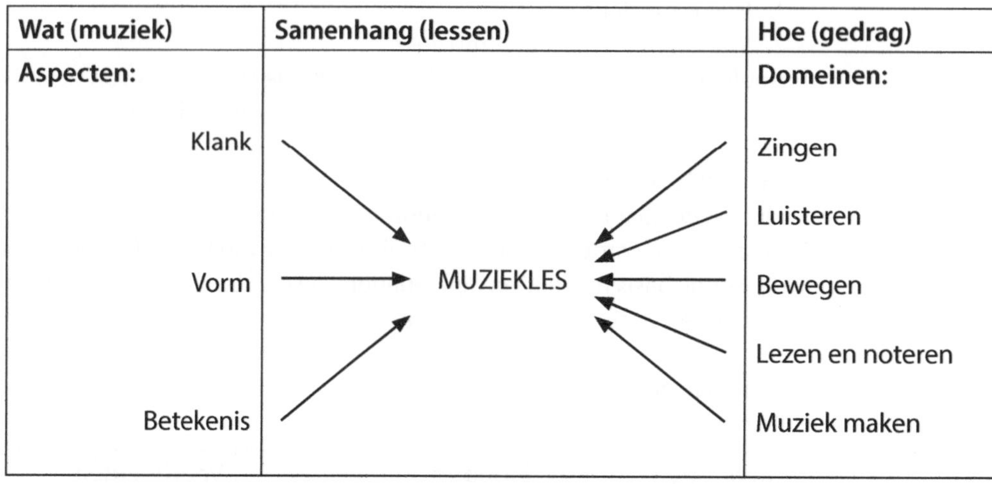

1.4 Verwerkingsvormen – de relatie met andere vakken

Zo kun je ook een koppeling leggen met de indeling in productie, reproductie, receptie en reflectie.

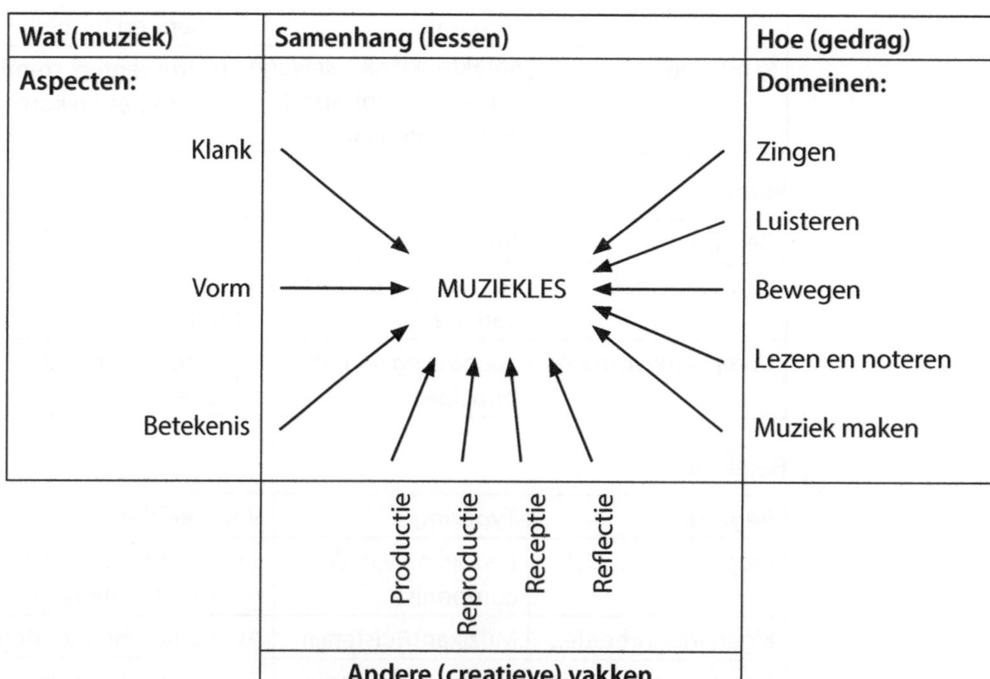

Hoofdstuk 1 Activiteiten - Muziek en muzikaal gedrag

Oefening 1.1 **Klankexperiment**

Gebruik deze vier instrumenten. Je vind ze op je Pabo of bij de instrumenten op je stageschool.

1. Triangel
2. Claves
3. Trommel
4. Maracas

Opdrachten:

1. Noteer de gevraagde volgorde met behulp van het nummer van het instrument.

a. Van hoog naar laag:

___ - ___ - ___ - ___

b. Van lange klank naar korte klank:

___ - ___ - ___ - ___

c. Van luid naar zacht:

___ - ___ - ___ - ___

d. Van scherp naar dof:

___ - ___ - ___ - ___

2. Trek conclusies over materiaal in relatie tot speelwijze en de klankeigenschappen.

a. Relatie materiaal en klank: ______________________________

b. Relatie speelwijze en klank: ______________________________

Oefening 1.2 **Emoties in muziek**

De bronnen bij deze opdracht staan op de website.
Beluister de filmmuziek en beschrijf in steekwoorden welke emoties de componist volgens jou wil overbrengen. Maak onderscheid tussen de majeur en de mineurfragmenten.

Majeur:
Star wars
E.T.
Indiana Jones

Mineur:
The godfather
Once upon a time in the West
Jaws

Majeur fragmenten	Mineur fragmenten
Star wars	Godfather
E.T.	Once upon a time
Indiana Jones	Jaws

Meesterproef 1 **Muziek en muzikaal gedrag**

De Meesterproef van hoofdstuk 1 staat op de website. De antwoorden vind je in dit werkboek.

Hoofdstuk 1 ANTWOORDEN - MUZIEK EN MUZIKAAL GEDRAG

Oefening 1.1 Klankexperiment

a. Van hoog naar laag
   1 - 4 - 2 - 3
b. Van lange klank naar korte klank
   1 - 3 - 4 - 2
c. Van luid naar zacht
   3 - 1 - 2 - 4
d. Van scherp naar dof
   1 - 4 - 2 - 3

Mogelijke conclusies:

- M.b.t. materiaal en klank, bijvoorbeeld:
  Metaal klinkt hoger, luider en scherper dan hout of vel.
- M.b.t. speelwijze en klank, bijvoorbeeld:
  Een triangel klinkt kort als je hem dempt; een maracas klinkt lang als je blijft schudden; een trommel kan heel hard, maar ook zacht.

Oefening 1.2 Emoties in muziek

Misschien verschillen deze antwoorden met die van jou. Dat kan, want interpretatie van emoties in muziek is niet objectief. Je antwoorden moeten wel een beetje in deze richting zitten.

- Typering majeurfragmenten: Heroïsch, grappig, hoopvol, speels.
- Typering mineurfragmenten: Spannend, verdrietig, actief, gewelddadig.

Meesterproef 1 Muziek en muzikaal gedrag

1. Vraag 1
   Je klapt op de *maat* van de muziek, meestal op de 1e tel van de maat. Maat is de onderverdeling van muziek in periodes van gelijke lengtes en vormt zo de hartslag van de muziek. Die hartslag klap je als je meeklapt.
2. Vraag 2:
   Tempo is een *klankeigenschap*.
3. Vraag 3
   - Principe 1: Herhaling.
     Uitleg: hetzelfde (deel van een) muziekstuk klinkt nog eens.
   - Principe 2: Contrast.
     Uitleg: De muziek is totaal anders dan de muziek die ervoor klonk.
   - Principe 3: Variatie.
     Uitleg: De muziek is een (klein) beetje veranderd, maar de eerdere muziek is goed herkenbaar.
4. Vraag 4
   Reden 1: De betekenis is afhankelijk van de manier van uitvoeren.
   Reden 2: De stemming van de luisteraar beïnvloedt de betekenis van de muziek.
   Reden 3: Bij instrumentale muziek kun je de betekenis niet uit tekst halen.
5. Vraag 5
   De vijf onderdelen (willekeurige volgorde): Houding - Ademsteun - Articulatie - Resonans - Stembuiging.
6. Vraag 6
   Luisteren naar muziek is pas een muziekles als dat een van de lesdoel(en) is en er sprake is van een actieve, gerichte luisterhouding.
7. Vraag 7
   Bij muziek is bewegen het middel en muziek het doel. Bij dans en bij bewegingsonderwijs is dat precies andersom. Door te (laten) bewegen op muziek – motorisch luisteren – kun je klank, vorm en betekenis visueel en dus herkenbaar maken.

8. Vraag 8
   Het juiste antwoord is b.
9. Vraag 9
   Het juiste antwoord is c.
10. Vraag 10
    Nee, je kunt op je gehoor spelen of bijvoorbeeld akkoorden gebruiken.

Hoofdstuk 2 **ZINGEN**

Zingen is het in trilling brengen van de adem. De adem vormt de basis van de klank. De stembanden zetten de adem in trilling. Het lichaam laat de trillingen resoneren.

Bron: 'Stem en boventonen' van Borg Diem Groeneveld, Panta Rhei.

Waar gaat dit hoofdstuk over?

Zingen is een van de meest voorkomende vormen van muzikaal gedrag. Niet alleen in georganiseerd verband, maar zeker ook individueel en spontaan. Spontaan zingen koppel je vaak aan een emotie, een gemoedstoestand. Zeg eens eerlijk: jij zingt toch ook af en toe (zachtjes) een liedje op de fiets?

2.1 De stem

Je herkent mensen uit je directe omgeving vaak aan hun stem. Je stem is dus een heel persoonlijk en herkenbaar kenmerk. Je stem hóórt bij jou. Door de jaren heen ontwikkelt je stem zich, vooral vanwege de ontwikkeling van je strottenhoofd en je stembanden. De grootste verandering, zeker bij mannen, vindt plaats in de puberteit. Hun stem wordt dan lager. Ook de meisjesstem verandert in de puberteit, maar meer geleidelijk.
De tonen die je zonder bovenmatige inspanning kunt zingen, vormen je stembereik. Stembereik kun je indelen in stemgroepen:

	Kinderen / vrouwen	Mannen
Hoge stem	Sopraan	Tenor
Middelste stem	Mezzosopraan	Bariton
Lage stem	Alt	Bas

2.2 Houding en ademhalen

Zingen doe je met je hele lichaam, in de juiste houding en met een gecontroleerde ademhaling. Een goede zangtechniek is een motorische vaardigheid die je kunt oefenen. Het is een kwestie van geregeld en geconcentreerd oefenen van vooral je houding en ademhaling. Een goede ademhaling en houding zijn ook van belang als je helder en verstaanbaar wilt praten, bijvoorbeeld in de klas.

2.3 Zingen met ademsteun

Ademsteun betekent gecontroleerd (leren) uitademen en is een van de belangrijkste zangtechnieken. Je kunt deze techniek goed oefenen, bijvoorbeeld door je buikspieren te ontspannen bij het inademen en aan te spannen bij het uitademen. Bedenk: goed inademen betekent stil inademen en niet alleen bij het zingen!

2.4 Articulatie

Goed articuleren wil zeggen dat je klanken – meestal woorden – helder, correct en goed verstaanbaar uitspreekt, ook als je zingt. Als je met een instrument muziek maakt, gebruik je datzelfde begrip voor de manier waarop je de noten speelt. Goed articuleren heeft te maken met het helder accentueren van de klinkers, de stemhebbende en de niet stemhebbende medeklinkers. Technieken als 'de klinkercirkel', 'scatten' en 'klankverhalen' kunnen je daarbij helpen.

2.5 Resonans

Resonsans is het begrip dat je gebruikt om het versterken van een trilling met behulp van een holle ruimte aan te geven, zoals een klankkast de trilling van gitaarsnaren versterkt. Ook je lichaam heeft holle ruimtes die je stem versterken. Je kunt leren daar o.a. de holtes van je gezicht voor te gebruiken door te 'twangen'.

2.6 Stembuiging

Wil je het bereik van je stem vergroten, dan kun je daar een aantal technieken voor gebruiken:

- 'Liptrillen'.
- Zingen met je kop- of falsetstem.

Zing je samen met de kinderen, dan moet je vooraf bepalen of je op een voor hen (en voor jou) prettige toonhoogte zingt. Sta daar bewust bij stil om te voorkomen dat je je eigen of hun zangstem forceert. De techniek 'liptrillen' kun je gebruiken om de overgang van je gewone zangstem naar je kop- of falsetstem te oefenen. Deze paragraaf geeft ook tips voor het nazingen van een melodie.

2.7 Expressie en lichaamstaal

Als je zingt, breng je met je stem de boodschap van het lied over op de luisteraar(s). Om die boodschap over te brengen is contact belangrijk. Je kunt daarvoor technieken gebruiken die te maken hebben met mimiek, lichaamstaal en expressie. Ook het gebruik van die drie technieken begint overigens met een juiste zangtechniek. Als je niet goed zingt, komt je boodschap zeker niet over.

Hoofdstuk 2 Activiteiten - Zingen

De nummering van de oefeningen is niet altijd opvolgend.
Sommige oefeningen staan namelijk alleen op de website

Oefening 2.1 Je eigen stem

Je hebt voor deze opdracht drie verschillende kleurpotloden en een piano of keyboard nodig.
In de basisstof heb je gelezen dat je stem wordt gevormd door je strottenhoofd, je stembanden en de vorm van je keel- en mondruimte. Je hebt gelezen hoe je stem zich door de jaren heen heeft ontwikkeld. In Oefening 2.1 onderzoek je welk stembereik je momenteel hebt.
Opdrachten:

1. Onderzoek met een medestudent de grootte van je stembereik.
   - Kleur de noten die je gemakkelijk zingt (bijvoorbeeld) groen op het klavier.
   - Kleur de noten waar je met wat moeite bij kunt geel.
   - Kleur de noten die je net haalt, maar niet meer mooi klinken, rood.

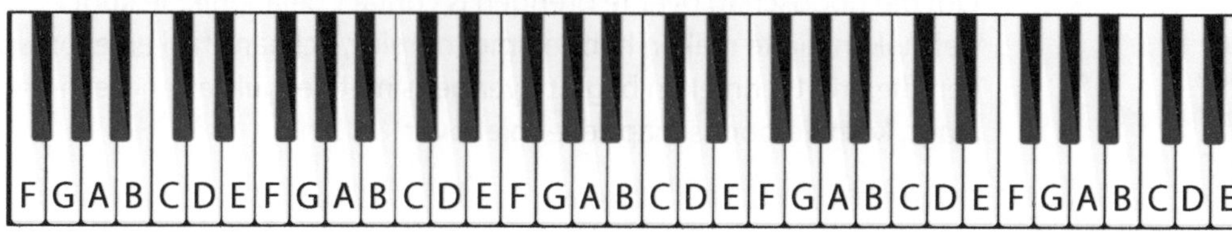

2. Vergelijk je bereik met de beschreven stemmen in de basisstof en formuleer een conclusie over jouw stembereik. Welke zangstem heb jij?

Meesterproef 2 Zingen

Je hebt het 'Observatieformulier zingen' nodig. Je kunt het downloaden op de website. Met deze **Meesterproef** sluit je Hoofdstuk 2 af. Lever de **Meesterproef** in bij je docent en/of voeg hem toe aan je vakdossier of Portfolio. Print het 'Observatieformulier zingen' drie keer uit: voor jezelf, voor een medestudent en voor je mentor. Vink de rol van de observator aan.

Het ontwikkelen van je zangstem gaat niet vanzelf. Neem de tijd om de stappen te zetten en geef niet op!

- **Stap 1: reflectie**

Kies een lied – uit een bundel of methode – en beoordeel of het voor jou geschikt is. Doe dat m.b.v.:

- De resultaten van Oefening 2.1: Je eigen stem.
- De notatie van het lied.

Bepaal bovendien of het lied geschikt is om aan de kinderen van je stageklas te leren. Dat is van belang voor stap 3.

Oefen het lied tot je het voldoende beheerst. Maak vervolgens een video opname van jezelf terwijl je zingt. Het maakt niet uit of je staat of zit, maar zorg ervoor dat je helemaal in beeld bent.

Vind je een video niet prettig, maak dan een audio opname als tussenstap. Om de ontwikkeling van je zangstem te volgen is een video echter noodzakelijk.

Bekijk je filmpje kritisch en vul het observatieformulier in. Vind je onderdelen onvoldoende, oefen die dan met behulp van de relevante paragrafen en oefeningen. Neem opnieuw een filmpje op en beoordeel jezelf met het formulier.

- **Stap 2: feedback**

Bedenk met wie je elkaars zingen wilt beoordelen. Kies iemand in wiens oordeel je vertrouwen hebt en bij wie je je veilig voelt. Jij beoordeelt het filmpje van die ander. Ga daar integer mee om!

Vul het observatieformulier voor elkaar in, bespreek je bevindingen en geef elkaar advies. Ga naar stap 3 als je zeker bent van je eigen zangvaardigheid.

- **Stap 3: in de klas**

Leer het lied aan de kinderen van je stageklas. Vraag je mentor het observatieformulier in te vullen voor jouw zangvaardigheid. Kunnen de kinderen het lied zelfstandig zingen, gebruik dan de vragen van het formulier om aanwijzingen te geven.

Hoofdstuk 3 **LUISTEREN**

Muziek is niet meer weg te denken uit je dagelijks leven. Je luistert muziek op je smartphone, via Spotify, iTunes of misschien op de platenspeler van je ouders.

Waar gaat dit hoofdstuk over?

Luister je bewust naar muziek, dan luister je naar klank, vorm en betekenis. Je hoort een mooie melodie, herkent een thema of herinnert je een situatie.

In hoofdstuk 3 leer je luisteren naar klankeigenschappen, ritme en vorm. Je leert over muziekbeleving en luistert naar mogelijke betekenissen van muziek. Je leert op een andere manier naar muziek luisteren dan je misschien gewend bent.

Om een goede luisterles te kunnen geven, moet je zelf vaardig zijn.

- Je moet klanken van elkaar kunnen onderscheiden, bijvoorbeeld een trompet van een klarinet en een sopraan van een bas (luisteren naar klank).
- Je moet de drie vormprincipes kunnen herkennen en het gebruik van herhaling, variatie of contrast kunnen onderkennen (luisteren naar vorm).
- Je moet een muziekstuk goed kunnen interpreteren (betekenis van muziek): vieren we feest of is er een begrafenis?

Als je basisstof van dit hoofdstuk over het domein luisteren beheerst:

- kun je onderscheid maken tussen verschillende manieren van luisteren;
- kun je die manieren koppelen aan klank, vorm en betekenis;
- kun je dat – samen met de kinderen – in de praktijk brengen;
- heb je de Meesterproef 3 met succes volbracht.

Luisteren naar Klank, Vorm en Betekenis

De vier klankeigenschappen ken je uit hoofdstuk 1. Je leerde bewust naar ze te luisteren, te herkennen en ze te benoemen. Dat geldt ook voor de vorm van muziek: een sonate, een popsong met couplet en refrein, een canon of een stapellied.

Klank en vorm voldoen ook aan regels. Dat is veel minder het geval voor de betekenis van muziek. Betekenis is immers grotendeels subjectief.

Luisterhoudingen

Je kunt passief en dus onbewust naar muziek luisteren, bijvoorbeeld naar achtergrondmuziek in een lift of naar de radio als je zit te kletsen. In dit hoofdstuk leer je manieren van actief luisteren.

1. Formeel luisteren: je luistert naar specifieke elementen van de muziek, bijvoorbeeld de melodie.
2. Vergelijkend luisteren: je luistert naar verschillen en/of overeenkomsten tussen interpretaties of bewerkingen, bijvoorbeeld van hetzelfde muziekstuk of in het gebruik van een instrument.
3. Associatief luisteren: muziek beeldt een gebeurtenis, een beeld of verhaal uit.
   a. Persoonlijk: de muziek roept een strikt persoonlijk interpretatie op.
   b. Programmatisch: de componist wil bewust een beeld of een verhaal oproepen.
4. Emotioneel luisteren: de sfeer en het karakter van de muziek staat centraal.

Je kunt dus op vier verschillende manieren luisteren naar klank, vorm en betekenis: formeel, vergelijkend, associatief en emotioneel. Die laatste twee manieren liggen erg dicht bij elkaar en worden vaak samengenomen.

3.1 Formeel luisteren

Bij formeel luisteren stel je de vraag centraal: Hoe zit deze muziek in elkaar? Vanuit die vraag kun je vervolgvragen stellen die gericht zijn op: Wat hoor ik nu exact? Je kunt formeel naar klank en vorm luisteren. Formeel naar betekenis luisteren is lastig.

- Klank:
  Je luistert specifiek naar de vier klankeigenschappen: toonhoogte, toonduur, toonsterkte en klankkleur.
- Vorm:
  Formeel luisteren naar vorm betekent:
  - luisteren naar de drie vormprincipes herhaling, contrast en variatie;
  - luisteren naar toepassingen van de vormprincipes in compositievormen.

3.2 Vergelijkend luisteren

Formeel luisteren komt bij vergelijkend luisteren goed van pas. Formeel luisteren is: je analytisch en geconcentreerd richten op één eigenschap van een muziekstuk of liedje. Luister je vergelijkend, dan luister je naar:

- dezelfde eigenschap in twee uitvoeringen van een muziekstuk of liedje, bijvoorbeeld het verschil in tempo tussen twee uitvoeringen;
- hetzelfde instrument in verschillende muziekstukken, bijvoorbeeld: een klassiek spelende saxofoon met een saxofoon die jazz speelt.

Je luistert impliciet dus eigenlijk op twee manieren: gericht op herkenning van de sax of de eigenschap (formeel) en gericht op vergelijking van de uitvoering(en) of het instrumentgebruik (vergelijkend). Het is belangrijk je goed te concentreren op wat je wilt vergelijken en je niet af te laten leiden door andere overeenkomsten en verschillen in klank, vorm of betekenis.

3.3 Associatief luisteren

Associatief luisteren gaat vooral over de bedoeling van muziek. Wat roept de muziek bij je op? Welke associaties en gedachtes? Dat heeft te maken met de mate waarin de componist erin slaagt zijn of haar bedoeling te vertalen in muziek.
Toch koppelt iedereen, afhankelijk van muzikale ervaring, leeftijd, belevingswereld en cultuur, eigen associaties aan muziek. Associatief luisteren kan heel persoonlijk zijn of zich richten op de bedoeling van de componist. Muziek met een bedoeling – die de componist er als het ware 'inlegt' – heet programmamuziek.
Er zijn dus twee vormen van associatief luisteren:

- Persoonlijk associatief luisteren: er komen persoonlijke gedachten en beelden naar boven. Je denkt bij klassieke muziek op zondagochtend bijvoorbeeld altijd aan je opa en oma.
- Programmamuziek: de componist 'vertaalt' een verhaal, een gedicht, een afbeelding, een gebeurtenis, een gevoel – en ga zo maar door – in muziek. De 'Vier jaargetijden' van Vivaldi is een goed voorbeeld. Je 'beleeft' de seizoenen als het ware in en door de muziek.

3.4 Emotioneel luisteren

Veel muziek drukt emoties of stemmingen uit. Ben je er als luisteraar op gericht die emoties te herkennen, ook al zijn dat andere emoties dan de componist wil uitdrukken, dan ben je emotioneel aan het luisteren en op jacht naar de emoties in de muziek!

Hoofdstuk 3 # Activiteiten - Luisteren

De nummering van de oefeningen is niet altijd opvolgend.
Sommige oefeningen staan namelijk alleen op de website

Oefening 3.1 Klankkleur (instrumentgroepen)

De bronnen bij deze activiteit vind je op de website.
Opdracht: Beluister het fragment en bekijk de video. Welke instrumentgroepen hoor je in de eerste twee minuten? Noteer de tijd, bijvoorbeeld: Houtblazers: 0:20 tot 0:35.

Instrumentgroep	Tijd
Houtblazers	
Koperblazers	
Strijkers Let op pizzicato (plukken) bij:	
Slagwerk	

Oefening 3.2 Vormschema (Happy)

Het fragment dat je nodig hebt staat op de website.
Kies een kleur voor het couplet, een voor het refrein en een voor de andere delen als intro, tussenspel en outro. Je gebruikt dus voor elk vormelement een andere kleur.
Opdracht:
Beluister het fragment. Beluister het dan nogmaals met het schema bij de hand. Vul daarna het schema in en luister nogmaals naar het fragment. Dit is – noodzakelijkerwijs – een fragment. Wil je het hele liedje horen, zoek het dan op **YouTube**.

Oefening 3.3 Vul het liedje aan

De bronnen bij deze activiteit vind je op de website.
Opdracht: Beluister het liedje 'Bibber babber-de-bop' eerst zonder naar de woorden te luisteren. Bekijk dan de woorden en de lettergrepen en ook het patroon van het notenschrift. Vul de ontbrekende noten in.

Bibber babber-de-bop

Hans van Eerden

MLM 3.2 **Formeel luisteren naar vorm**

De bronnen bij deze MLM (delen van 'Ben' gezongen door Michael Jackson) vind je op de website. Ook het opdrachtblad voor de kinderen staat op de website. Je kunt het downloaden, uitprinten en kopiëren. Je hebt verder nog twee rode potloden, een oranje potlood en een stuk gum nodig.

MLM 3.2 doe je samen met de kinderen en is de afsluiting van deze paragraaf. Neem er de tijd voor. Neem zelf de tekst op het opdrachtblad goed door en doe vooraf de opdracht.

Introductie:

1. Toon de kinderen een rood potlood. Laat een kind de kleur benoemen en toon het 2e rode potlood. Benoem dat als 'herhaling': het is helemaal dezelfde kleur.
2. Laat daarna het oranje potlood zien, laat de kleur benoemen en gebruik het begrip 'variatie' (op rood): bijna hetzelfde, maar niet helemaal.
3. Toon het vlakgum en gebruik dat om de term 'contrast' te bespreken: je kunt de kleur hiermee helemaal weghalen: geen kleur meer. Je kunt daar ook de kleuren wit en zwart voor gebruiken.
4. Vertel dat die drie begrippen ook in muziek voorkomen:
   - herhaling: je hoort dezelfde melodie nog een keer;
   - variatie: je hoort dezelfde melodie, maar net een beetje anders.
   - contrast: je hoort een andere melodie.

Opdrachten:

1. Geef elk kind een blad. Speel het 1e en 2e couplet/refrein van het liedje 'Ben'. De kinderen noteren achter de tekst een H (herhaling), een V (variatie) of een C (contrast).
2. Speel het fragment nogmaals en neem samen de antwoorden door. Luister goed naar de fragmenten en vul bij elk fragment samen de juiste letter in.

Oefening 3.4 **De zondag van Kortjakje**

De bronnen bij deze activiteit vind je op de website.

Opdracht: Bepaal de structuur van het liedje:

- Beluister deel A (Altijd is kortjakje ziek midden in de week maar 's zondags niet) .
- Beluister deel B (Zondag gaat zij naar de kerk).
- Beluister vervolgens het hele stuk.
- Vul het schema verder in.

A		B			
Altijd is kortjakje ziek	Midden in de week maar 's zondags niet	Zondag gaat zij naar de kerk.	Met een boek vol zilverwerk,		

Luister-opdracht 3.14 **Trein in aantocht**

De bronnen bij deze activiteit vind je op de website.

Opdracht: Vergelijk de treinen aan de hand van het schema.

- Trein 1:

Je hoort dat het een trein is aan	
Goederen- of passagierstrein?	
Snelheid van de trein	

- Trein 2:

Je hoort dat het een trein is aan	
Goederen of passagierstrein?	
Snelheid van de trein	

- Trein 3:

Je hoort dat het een trein is aan	
Goederen of passagierstrein?	
Snelheid van de trein	

MLM 3.3 **We are the champions!**

De bronnen bij de MLM en de activiteit vind je op de website. Ook het werkblad met de tekst van het lied staat op de website. Je kunt het downloaden, uitprinten en kopiëren. Met MLM 3.3 sluit je het hoofdstuk over 'Vergelijkend luisteren naar klank' samen af. Neem de tijd om zelf de opdrachten goed door te nemen.
Introductie: Welk Engelstalig lied hoor je vaak als een team of club kampioen wordt?
Opdrachten:

1. De kinderen beluisteren het fragment van Queen. Ze tellen hoe vaak ze het woord 'Champion' horen (4x).
2. Deel het werkblad bij activiteit 3.7 uit. De kinderen omcirkelen het woord waarop de gitaar voor het eerst (zacht) meespeelt. Ze geven ook aan op welk woord de drum invalt. Speel het fragment nogmaals en bespreek de antwoorden.
3. Ze onderstrepen de woorden die door Freddy Mercury meerstemmig worden gezongen. Speel het fragment nogmaals en bespreek de antwoorden.

Afsluiting: Zing het lied vervolgens samen en uit volle borst mee met de Karaoke versie.

MLM 3.4 **Kortjakje heeft een boek**

De bronnen bij deze MLM – de visuals over 'Kortjakje' – staan op de website.
Met deze MLM 3.4 sluit je samen met de kinderen het hoofdstuk 'Vergelijkend luisteren naar vorm' af. Neem er de tijd voor en maak de opdrachten eerst zelf!
Introductie
Beluister en bekijk video 1: 'Altijd is kortjakje (compleet)'.
Opdrachten:

1. Speel de vier variaties (Visuals 2 t/m 5) en benoem ze voor de kinderen:
   - Visual 2: vraag en antwoord
   - Visual 3: snelle bas
   - Visual 4: mineur
   - Visual 5: langzaam
2. Noteer de vier varianten op het bord en laat ze nogmaals horen in een willekeurige volgorde. Vraag de kinderen steeds welke van de vier variaties ze horen.

MLM 3.5 **Summertime ff anders**

De bronnen bij deze MLM en de twee werkbladen voor de kinderen – met de tekst en de opdracht – staan op de website. Je kunt de bladen downloaden, uitprinten en kopiëren. MLM 3.5 doe je samen met de kinderen en is de afsluiting van het hoofdstuk 'Vergelijkend luisteren naar betekenis'. Neem de bladen goed door en doe eerst zelf de opdracht. Lees ter voorbereiding de informatie over de opera 'Porgy and Bess' op Wikipedia zodat je weet waar het lied over gaat.

Introductie:
Introduceer 'Summertime' bij de kinderen. Vertel dat het een wiegeliedje (slaapliedje) uit een opera is. Een moeder zingt het voor haar baby. Neem de tekst samen door. De kinderen bepalen welke zin precies dezelfde melodie heeft als *'and the livin' is easy'*. Laat deze versie eventueel nog eens horen.

1. Deel het werkblad met de opdracht uit. Op dat blad staan 4 huizen afgebeeld. De kinderen noteren welk huis ze bij welk fragment vinden passen.
   Je speelt de eerste vier fragmenten twee keer: de eerste keer achter elkaar en de tweede keer met steeds een pauze ertussen zodat de kinderen het nummer van het fragment bij het huis van hun keuze kunnen schrijven. Bespreek hun keuzes.
2. Wat voor een huis hoort er bij het fragment van de Nederlandse band 'Brainbox'?

Oefening 3.5 **Carnaval der dieren**

De fragmenten en – als je de oefening samen met de kinderen doet – het blad voor de kinderen vind je op de website.

Dier	Eigenschappen (steekwoorden)	Fragment

Opdracht: Noteer naast elk plaatje 3 à 4 kenmerken van dat dier. Luister vervolgens naar de fragmenten. Noteer het nummer van het fragment bij het dier waar het over gaat. Deze opdracht kun je ook met de kinderen doen.

Meesterproef 3 **Thunderstruck**

De bronnen bij de Meesterproef staan op de website. Met deze Meesterproef 3 sluit je het hoofdstuk Luisteren af. Lever de Meesterproef in bij je docent of voeg hem toe aan je vakdossier of Portfolio.

1. Formeel luisteren – klank en vorm

Beluister het fragment door '2Cellos' (fragment 1). Omcirkel je antwoord.

Eigenschap		
Toonhoogte	De klanken zijn voornamelijk:	Laag / hoog
	De melodie is:	Afwisselend / eentonig
Toonduur	Er is een duidelijke regelmaat.	Ja / nee
	De klanken zijn vooral:	Lang / kort
	De muziek is:	Snel / langzaam
Toonsterkte	De speelwijze duidt op .... muziek.	Luide / zachte
Klankkleur	De klanken zijn vooral:	Scherp / dof

Vorm		
	Er is sprake van een zich herhalend patroon.	Ja / nee
	De muziek heeft een duidelijk contrasterend deel.	Ja / nee
	De muziek bevat herkenbare variaties.	Ja / nee

2. Vergelijkend luisteren – klank, vorm en betekenis

Vergelijk fragment 1 van 2Cellos vanaf .... met fragment 2 van 'AC/DC' (fragment 2: het origineel).

Beantwoord de vragen.

a. Klank:
- Welk element uit 'Thunderstruck' vormt de overgang in de versie van 2Cellos?

____

- Hoe bootst 2Cellos de karakteristieke zangstem na?

____

b. Betekenis:
- Welk element voegt 2Cellos toe om 'Thunderstruck' herkenbaar te laten blijven?

____

c. Vorm:
- Hoe rondt 2Cellos de inleiding af?

____

3. Associatief luisteren – betekenis

a. De uitvoering van 2Cellos is bedoeld om een contrast tussen twee verschillende stijlen te verduidelijken.
- Welke associatie heb jij bij het eerste (klassieke) deel?

____

- Wat denk jij dat de makers van de film willen oproepen bij de kijkers/luisteraars?

____

- Past de film goed bij die bedoeling? Hoe dan (niet)?

____

b. De betekenis van 'Thunderstruck' wordt duidelijk in de tekst. Die is echter moeilijk te verstaan en daarom opgenomen op de site. Lees de tekst door en bepaal waar het nummer over gaat.
Roept de versie van 2Cellos dezelfde associatie bij jou op? Licht je antwoord toe.

4. Emotioneel luisteren – betekenis

Beschrijf hoe de muziek van 2Cellos in jouw beleving verandert. Is er een tweedeling tussen klassiek en modern of ervaar jij de verandering meer geleidelijk?

5. Extra vraag

Stop het fragment van 2Cellos op het punt waar het volgens jou ophoudt 'klassieke muziek' te zijn en je 'Thunderstruck' herkent. Vergelijk je keuze met die van je medestudenten en onderbouw je keuze.

Hoofdstuk 3 ANTWOORDEN - LUISTEREN

Luister-opdracht 3.1 **Formeel luisteren: toonhoogte**

Het aantal golfbewegingen van de rechterhand in de 1e minuut: 21. In totaal zijn het er overigens 41.

Oefening 3.1 **Klankkleur (Instrumentgroepen)**

Instrumentgroep	Tijd
Houtblazers	0:33 - 0:56
Koperblazers	0:56 - 1:15
Strijkers Let op pizzicato (plukken) bij:	1:15 - 1:32 1:24
Slagwerk	1:32 - 1:51

Luister-opdracht 3.5 **Klankkleur (stemmen)**

De stemmen in het vrouwenkoor zijn duidelijk hoger dan die in het mannenkoor.

Luister-opdracht 3.6 **Klankkleur (Instrumenten)**

Fragment	Instrumenten
1	Fluit - Fagot - Klarinet - Hobo
2	Hoorn - Trompet - Tuba - Trombone
3	Viool - Contrabas - Altviool - Cello
4	Harp
5	Piano

MLM 3.1 **Klank**

Antwoord: de twee woorden 'hot' en 'town'.

Oefening 3.2 **Vormschema (Happy)**

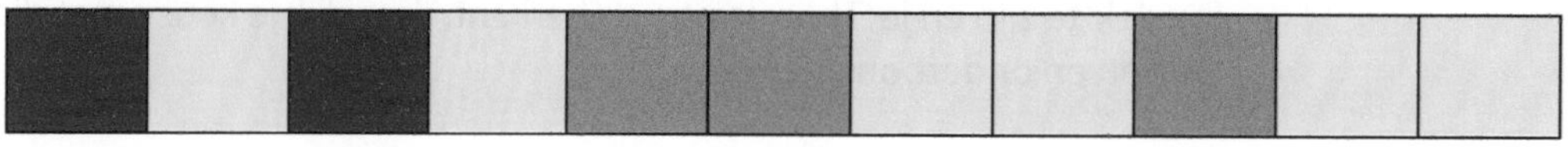

Je hebt misschien ook een klein blauw vlakje vooraan (korte intro). Er is geen instrumentaal tussenspel en nauwelijks een 'outro'. Er zijn wel brugdelen die steeds hetzelfde zijn.

Oefening 3.3 **Vul het liedje aan**

Bibber babber-de-bop

Hans van Eerden

Luister-opdracht 3.7

Canon herkennen

Antwoord: je hoort 4x de stem van Don McClean. Er zijn weliswaar drie strofen die door 3 stemmen gezongen worden, maar de eerste strofe wordt tweestemmig gezongen.

Luister-opdracht 3.8

Variatie herkennen

Het thema wordt de eerste 35 seconden 20x gespeeld door verschillende instrumenten.

Luister-opdracht 3.9

Ostinaten herkennen

Paradise not for me

Madonna

De ostinaat hoor je in totaal 27x (waarvan 2x niet in z'n geheel).
Dit is de volgorde:
Marimba solo 1x.
Marimba (met praten) 2x.
Vervormde stem (niet de hele ostinaat) 2x.
Synthesizer 2x.
Marimba (Madonna zingt Frans) 2x.
Marimba speelt het begin stukje 1x.
Marimba 1x.
Marimba met synthesizer 1x.
Synthesizer + stembridge 1x.
Marimba 14x.

Luister-opdracht 3.12

Canons en vormschema (A ramsamsam)

MLM 3.2

Vorm

- 1e couplet: H, de zang wordt herhaald.
- 2e couplet, 1e deel: H, laatste woord(en) van de zin worden herhaald.
- 2e couplet, 2e deel: V, melodie verandert.
- 1e refrein, 1e deel: C, nieuw stukje muziek.
- 1e refrein, 2e deel: H, zang wordt herhaald.

Luister-opdracht 3.13

Klankeigenschappen vergelijken

Het liedje wordt een keer gezongen door een vrouwenstem en een keer door een mannenstem

Oefening 3.4

De zondag van Kortjakje

De structuur van het lied is: A - A - B -B -A - B - B - A

Luisteropdracht 3.15

Trein in aantocht

Trein 1:	Trein 2:
De muziek heeft een sterke cadans. Het fluiten van de trein.	De muziek heeft een sterke cadans: het dreunen op de rails.
Klinkt als een goederentrein.	Omdat er mensen zingen lijkt het meer een passagierstrein.
Sneller dan gemiddeld.	Snel

Trein 3:

Aan de begin hoor je allerlei treingeluiden.
Een trein met mensen, het klinkt heel schoon, een trein door de ruimte?
Hoge snelheid!

Vergelijken van de voorbeelden:
- In alle muziekvoorbeelden hoor je het herhalende effect.
- In voorbeeld 1 en 2 hoor je sterk het dreunen op de rails.
- In voorbeeld 1 en 4 hoor je het fluiten van de trein.

MLM 3.3 **We are the champions!**
- Antwoord opdracht 1: 4x.
- Antwoord opdracht 2:
  - Gitaar: 2e deel 1e couplet, direct na het woord 'mistakes' (zacht).
  - Drums (en gitaar volledig): 2e deel 1e couplet, woord 'share'
- Antwoord opdracht 3: Freddy Mercury zingt steeds het 2e deel van het 1e couplet tweestemmig, namelijk de zinnen:
  - We are the champions (2x)
  - No time for losers, 'cause we are the champions.

Oefening 3.5 **Carnaval der dieren**

Dier	**Eigenschappen (steekwoorden)**	**Fragment**
Schildpad	Woorden als: sloom, stil, rustig, melancholisch, onopvallend	2
Olifant	Woorden als: groots, fors, majestueus, aanwezig	3
Kangoeroe	Woorden als: springerig, maar ook rustig, komisch, vrolijk van karakter	1

Meesterproef 3 **Luisteren**

1. Formeel luisteren – klank en vorm

Klankeigenschap	**Antwoord**
Toonhoogte	Laag
	Afwisselend
Toonduur	Ja
	Kort
	Snel
Toonsterkte	Luide
Klankkleur	Scherp
Vorm	Ja
	Nee
	Nee

2. Vergelijkend luisteren – klank, vorm en betekenis

a. Klank:
- Overgangselement: de snelle noten van de gitaar.
- Klankkleur zangstem: de scherpe, krassende manier van strijken.

b. Betekenis:
- Herkenning 'Thunderstruck': twee – zich herhalende – harde 'knallen'.

c. Vorm:
- Afronding inleiding: de herkenbare – steeds herhaalde – instrumentale melodie.

Verder worden alleen 'eigen' antwoorden gevraagd.

Hoofdstuk 4

Bewegen

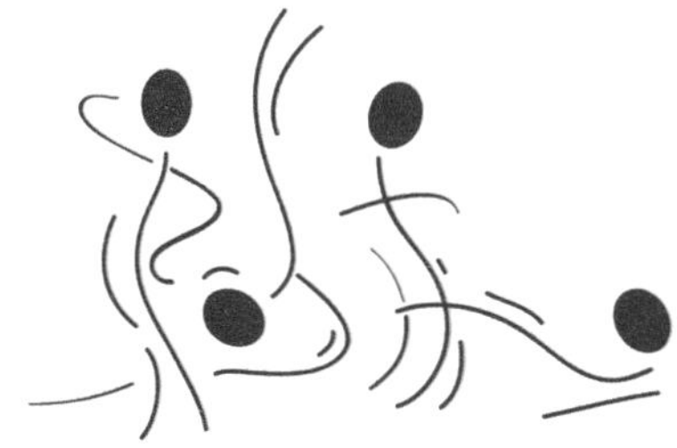

Beweeg je op muziek, dan laat je de muziek a.h.w. zien door beweging. Kinderen die bewegen op muziek reageren op wat ze horen en voelen. Ze brengen zo naar buiten wat ze 'van binnenuit' ervaren.

Waar gaat dit hoofdstuk over?
Dit hoofdstuk gaat eigenlijk over het gebruik van bewegen als middel. Immers, niet de beweging staat centraal, maar de muziek. De beweging is – anders dan bij dans, drama en bewegingsonderwijs – dienstig aan de muziek. Soms is dat onderscheid lastig. De scheidslijn tussen dans, drama, bewegingsonderwijs en bewegen op muziek is niet altijd even duidelijk. Zo kom je 'lopen op de maat' bij alle vier de onderdelen tegen, maar steeds met een ander doel:

- Muziek: om te kunnen begrijpen wat het element 'maat' in muziek betekent.
- Dans: als basis van een choreografie a.d.h.v. de elementen tijd, ruimte en kracht.
- Drama: om een regelmaat uit te beelden, bijvoorbeeld een wandeling.
- Bewegingsonderwijs: om de motoriek van het lopen te verbeteren en te timen.

Om een goede les 'bewegen op muziek' te kunnen geven, moet je zelf vaardig zijn.

- Je weet dat als je beweegt op muziek de muziek en niet de beweging centraal staat. De beweging is een middel om de muziek te begrijpen en doorgronden.
- Je kunt de klank(eigenschappen) vertalen in beweging en het onderscheid duidelijk laten zien.
- Je herkent de drie vormprincipes en kunt ze vertalen in beweging, bijvoorbeeld met behulp van een choreografie.
- Je weet bewegingen te gebruiken om de bedoeling van de componist en de betekenis van de muziek voor de luisteraar uit te beelden.
- Je weet hoe je daarbij materialen kunt gebruiken en welke voor- en nadelen dat met zich meebrengt.
- En misschien het belangrijkste: je leert stap voor stap om eventuele schroom die je hebt te overwinnen en van je af te schudden.

Als je basisstof van hoofdstuk 4 (Bewegen) beheerst, beheers je de kennis en kunde die nodig zijn om bewegen in te zetten als middel, ken je de achtergronden en het belang van bewegen op muziek en heb je **Meesterproef 4** succesvol afgelegd.

4.1 Bewegen op klank

Je kunt de vier klankeigenschappen – toonhoogte, toonduur, toonsterkte en klankkleur – uitbeelden door beweging. Beweging is daarbij middel en geen doel. Je gebruikt de beweging om aspecten van de muziek te verduidelijken. Bij de klankeigenschap toonduur kun je verder gaan door beweging te koppelen aan maat, ritme en tempo.

4.2 Bewegen op vorm

Bewegen op vorm betekent dat je herkenbare delen van de muziek uitdrukt in beweging. Dat kun je kinderen ook laten doen, bijvoorbeeld door een choreografie. Zorg ervoor dat zo'n choreografie niet te ingewikkeld is, dat de kinderen de bewegingen kennen en ze ook daadwerkelijk fysiek kunnen uitvoeren.

Wil je samen met de kinderen bewegen op vorm, doe dan eerst een luisteractiviteit zodat ze begrijpen hoe de muziek in elkaar zit. Dat moet je natuurlijk, zeker als je een choreografie wilt maken, zelf ook weten. Kies uit luistervormen die zich daartoe lenen: formeel, vergelijkend, associatief of emotioneel.

4.3 Bewegen op betekenis

Bewegen op betekenis komt in de buurt van dans of andere expressieve bewegingsvormen. Kinderen vinden het uitbeelden van verhalen of personen erg leuk. Zorg ervoor dat de bewegingen gekoppeld blijven aan de betekenis van de muziek. Kinderen moeten die relatie kunnen verwoorden.

4.4 Gebruik van materialen

Niet iedereen voelt zich even vrij als het om bewegen op muziek gaat. Het gebruik van materialen maakt het voor hen wellicht mogelijk zich vrijer te bewegen. Een ander voordeel is dat de beweging zelf soms beter tot zijn recht komt.

4.5 Als bewegen op muziek nog lastig is (blijft)

Forceer kinderen niet om te bewegen. Dat geldt ook voor jezelf. Dit hoofdstuk schetst een beeld van een aanpak die je helpt stapjes te zetten naar vrijer bewegen op muziek.

Hoofdstuk 4 Activiteiten - Bewegen

Oefening 4.1 **Tempo maken**

De fragmenten bij deze oefening staan op de website.

Opdracht:

Bedenk en beschrijf bewegingen die de 'Can can' en 'De schildpad' uitbeelden voor jonge en oudere kinderen. Je maakt dus twee versies van elke uitvoering. Probeer ze eventueel uit in je stageklas. Houd er in dat geval rekening mee dat sommige scholen afwijzend staan ten opzichte van het tonen van (ontblote) lichaamsdelen.

Fragment	Bewegingen jonge kinderen	Bewegingen oudere kinderen
De Can can		
De schildpad		

Oefening 4.2 **Ritmisch bewegen**

Het fragment bij deze oefening staat op de website.

Beluister het fragment een aantal keren. De trompetten spelen een fragment, soms kort, soms lang. De hoorns spelen exact de echo van dat fragment. De aandacht ligt in dit stuk dus op de koperblazers. De begeleidende strijkers en klavecimbel beeld je niet uit.

Opdrachten:

1. Bedenk een aantal bewegingen voor een onderbouwklas bij 'Alla Hornpipe' (uit 'Watermusic' van G.F. Handel). Noteer wat je wilt bereiken en het verloop van de activiteit.

Bewegingen (ritme)	Doel	Verloop activiteit

2. Maak ook een versie voor de bovenbouw.

Bewegingen (ritme)	Doel	Verloop activiteit

Oefening 4.3 **Hoe hard is langzaam?**

De bronnen bij deze oefening (Fragment 4.1 t/m 4.4) staan op de website.

Opdracht:

Bedenk voor elk fragment een beweging voor jongere en oudere kinderen en noteer ze in het schema. Zorg ervoor dat het onderscheid tussen volume en ritme tot zijn recht komt. Bedenk bijvoorbeeld een hele explosieve, snelle beweging op zachte, maar snelle muziek (Fragment 4.2). Bedenk ook dat jongere kinderen niet alle bewegingen beheersen.

Fragment	Beweging jonge kind	Beweging oudere kind
4.1		
4.2		
4.3		
4.4		

MLM 4.1 **Bewegen op klank**

De bronnen bij deze MLM staan op de website.

Je doet deze MLM samen met je stageklas. Kies een of meer van de klankeigenschappen (toonhoogte, toonduur, toonsterkte en klankkleur) en gebruik minstens twee van de fragmenten. Beschrijf vooraf m.b.v. het schema welke beweging(en) je de kinderen wilt laten uitvoeren en wat je wilt bereiken. Beschrijf hoe je het verloop van de activiteit voor je ziet.

Klankeigenschap ______________________________

Bewegingen	
Doel	
Verloop	
Terugblik	

Opdracht:

Laat de kinderen de fragmenten horen. Neem de bewegingen met hen door. Vraag je om hun inbreng, pas de bewegingen dan ter plekke aan. Let erop dat de bewegingen geen doel op zich worden, bijvoorbeeld door ingewikkeld of acrobatisch te worden. Laat hen de bewegingen vervolgens uitvoeren op de muziek die je hebt gekozen.

Terugblik:

Wat valt je op? Begrijpen de kinderen het onderscheid tussen de fragmenten? Heb je de bewegingen goed gekozen? Waren ze te moeilijk of te gemakkelijk? Noteer achteraf je bevindingen. Stel jezelf daarbij vragen als:

- Vonden de kinderen het leuk?
- Verliep de activiteit zoals ik vooraf bedacht heb?
- Heb ik bereikt wat ik wilde bereiken?
- Wat kan een volgende keer beter?

Oefening 4.4 **Feet of flames**

De bron bij dit Werkblad staat op de website.

Opdracht:

Bekijk het filmpje van de groep 'Riverdance' van Michael Flatley. Benoem in steekwoorden hoe de danselementen tijd, ruimte en kracht terugkomen in deze (variatie op een) traditionele Ierse dans.

Element	**Verschijningsvorm in de dans**
Tijd	
Kracht	
Ruimte	

MLM 4.2 **Bewegen op vorm**

Je doet deze MLM samen met de kinderen als afsluiting van deze paragraaf.

Gebruik het lesvoorbereidingsformulier van je opleiding of dit schema:

Groep	
Doel	
Liedje	
Bewegingen	
Verloop	
Terugblik	

Vooraf:
Formuleer een lesdoel waarin vorm belangrijk is bijvoorbeeld: de kinderen tonen door dansbewegingen dat ze de vormprincipes herhaling, contrast en variatie herkennen. Kies vervolgens een dansliedje uit een methode of een bundel dat gebruik maakt van een of meer van de drie vormprincipes. Doe dat voor een specifieke groep, bijvoorbeeld voor de kleuters of juist de bovenbouw. Je kunt ook een eenvoudige dans bedenken.
Verloop:
Zorg ervoor dat:

- je de bewegingen zelf kunt voordoen;
- je uitleg, instructie en aanwijzingen gebaseerd zijn op het lesdoel;
- de kinderen de ruimte hebben om de dansbewegingen uit te voeren.

Voer de les uit met je stagegroep.
Terugblik:
Beoordeel of je het lesdoel hebt gerealiseerd en noteer wat je wilt aanscherpen of veranderen.
Variatie:

- Verdeel de groep in kleinere groepjes met ieder een eigen beweging.
- Bedenk aansluitende bewegingen zodat een doorgaande beweging ontstaat.

Oefening 4.5 **Preview Peter en de Wolf**

De bronnen bij dit werkblad staan op de website. Deze oefening is ter voorbereiding op MLM 4.3.
Noteer welk instrument bij welk personage hoort en bedenk bij elk personage een beweging. Houd er rekening mee dat de bewegingen ook – in een klas – uitvoerbaar moeten zijn.

Personage	**Instrument**	**Beweging**
Peter		
Zijn geweer		
Sasha (de vogel)		
Sonja (de eend)		
Ivan (de kat)		
Opa		
De jagers		
De wolf		

Beluister 'Peter en de wolf' op YouTube (https://www.youtube.com/watch?v=Ot7m9i70JDg of: https://www.youtube.com/watch?v=N4ZHPiHzeAE). Probeer de bewegingen met een medestudent of huisgenoot uit. Pas de bewegingen die te moeilijk of te uitgebreid zijn aan.

MLM 4.3 **Bewegen op betekenis (Peter en de wolf)**

De bronnen bij deze MLM 4.3: Bewegen op betekenis staan op de website. Zet vooraf een leeg(!) schema als dat van Oefening 4.5 op het bord. Mogelijk heb je deze MLM in Oefening 4.5 al voorbereid.

Opdrachten:

1. Inventariseer met de kinderen aan de hand van het fragment welk instrument bij welk personage hoort. De bedoeling is dat jij het personage noemt en zij het instrument. Noteer het resultaat in het bordschema. Misschien moet je ze op weg helpen, de tekst is immers in het Engels.

2. Bespreek de personages. Doe dat aan de hand van vragen als:
   - Welk karakter heeft elk personage?
   - Welke lichaamsbouw? Groot of klein? Dun of fors?
   - Wat is Peter voor een jongetje? Hoe ziet hij eruit?
   - Is Ivan een slimme of een domme kat?
   - Wat voor vogel is Sasha? Groot? Klein?
   - Heeft opa een baard, denk je?
   - Hoe zien de jagers eruit?
   - Is de wolf kwaadaardig of alleen maar dom?

   Vertaal de eigenschappen samen in een beweging voor dat personage. Noteer ook die in het bordschema. Je kunt je eigen bewegingen (Oefening 4.5) natuurlijk ook inbrengen, maar laat vooral de kinderen aan het woord.
3. Verdeel de klas in groepjes per personage. Oefen de bewegingen met het fragment. Speel daarna (delen van) het volledige stuk (Werkblad 4.7). Zorg dat ze eventuele tekeningen niet zien. Zodra het instrument van een personage klinkt, maken de groep kinderen de afgesproken beweging. Als afsluiting kun je de video van het gesproken boek vertonen.

Oefening 4.6 **Materiaalgebruik**

Maak bij een muziekactiviteit in je stageklas gebruik van materialen, bijvoorbeeld een activiteit uit de methode. Gebruik verschillende materialen. Noteer waar je ze voor gebruikt en welk voordeel en/of nadeel de materialen hebben.

Materiaal	
Gebruik	
Voordelen	
Nadelen	

Meesterproef 4 **Bewegen op muziek**

Met deze Meesterproef sluit je hoofdstuk 4 af. Je kunt de Meesterproef – de video en de beoordeling door je mentor – opnemen in je vakdossier of Portfolio.

- Vooraf

  Kies een bewegingsactiviteit die je aankunt uit een lesbundel of methode. Probeer zo veel mogelijk de bewegingsactiviteit te isoleren en je dus te beperken tot bewegen. Methodelessen bieden vaak meer dan een domein in dezelfde les aan. Je kunt ook zelf een bewegingsactiviteit bedenken, maar dat is niet zo eenvoudig.
- Voorbereiding

  Analyseer de activiteit aan de hand van deze vragen:
  - Gaat het om een vrije bewegingsactiviteit of is er een choreografie?
  - Hoeveel ruimte heb je nodig?
  - Beweeg je op klank, op vorm, op betekenis, of op een combinatie daarvan?

  - Voeren de kinderen de beweging uit op een muziekfragment of moeten ze erbij zingen? In dat geval moet je het lied – liefst los van de beweging – eerst aanleren.
  - Heb je materialen nodig? Kun je ze achter de hand houden ter ondersteuning?

  Mogelijk geeft de bundel of methode een stappenplan om de beweging aan te leren of om tot steeds vrijer bewegen aan te zetten. Neem die stappen door of gebruik de stappen om je eigen stappenplan te ontwerpen. Houd rekening met kinderen die het moeilijk vinden. Welke hulp biedt je hen?
- Film jezelf.

  Neem de stappen van het plan door. Zo kun je zelf de moeilijkheidsgraad bepalen.
  - Voer de beweging(en) voor een spiegel uit. Zorg ervoor dat je jezelf helemaal kunt zien. Als je tevreden bent, film je jezelf.
  - Voel je je vrijer en zekerder in de beweging, vraag dan iemand anders je te filmen.
  - Ben je zelfverzekerd in de beweging, doe de activiteit dan in de klas. Vraag je mentor jou tijdens de instructie aan de kinderen te filmen.

  Reflectie

  Beoordeel zelf je activiteit. Beantwoord deze vragen:
  - Heb je het lesdoel behaald?
  - Waren de kinderen gemotiveerd?
  - Was jouw voorbeeld duidelijk?
  - Heeft je voorbeeld de kinderen geholpen zich vrijer te bewegen?
  - Heb je materialen ingezet? Op welke manier?

Stel deze vragen ook aan je mentor.

Hoofdstuk 4 Antwoorden - Bewegen

Oefening 4.4: **Feet of flames**

Element	Verschijningsvorm in de dans
Tijd	Bijvoorbeeld: Duidelijke ritmes vanuit de dans en tempowisselingen. De snelle figuren in de muziek die terugkomen in de passen van de danser(s).
Kracht	Bijvoorbeeld: Typerend voor deze stijl: vooral de voeten en benen bewegen, De armen hangen meestal stil. De grootte van de groep die synchroon danst geeft veel kracht. Door het contrast met de groep krijgt de solist ook meer kracht.
Ruimte	Bijvoorbeeld: Delen van de dans zijn redelijk plaatsgebonden, maar soms beweegt – vooral – de solist zich vrij en snel over het podium. Er is dus een groot verschil in het gebruik van (weinig en veel) ruimte. Het specifieke gebruik van de trap in het decor geeft een extra dimensie.

Oefening 4.5 en MLM 4.3 **Preview Peter & de wolf**
Bewegen op betekenis

Personage	Instrument	Personage	Instrument
Peter	Strijkers	Ivan (de kat)	Klarinet
Zijn geweer	Kurk uit de fles	Opa	Fagot
Sasha (de vogel)	Dwarsfluit	De jagers	Pauken
Sonja (de eend)	Hobo	De wolf	Koperblazers

Hoofdstuk 5

Lezen en noteren - Grafische notatie

Muziek kun je opschrijven (noteren) en daardoor (mee)lezen. Dat is handig als je muziek wilt bewaren voor later of als je muziek wilt overdragen aan anderen en er zeker van wilt zijn dat de muziek gespeeld wordt als bedoeld.

Waar gaat dit hoofdstuk over?
Je kunt muziek op twee manieren vastleggen:

- Precies en met vaste, afgesproken tekens.
  Je kunt muziek heel exact vastleggen met behulp van precieze en zo objectief mogelijke afspraken over klank, vorm en betekenis. Dat doe je met behulp van noten, rusten, maat, ritme, tempo, sterkte en ga zo maar door. Die 'traditionele notatie' komt in hoofdstuk 6 aan de orde.
- Globaler en met symbolen.
  Gebruik je (grafische) symbolen, dan beschrijf je muziek globaler. Je laat meer ruimte voor eigen invulling en interpretatie. Je schrijft de muziek immers niet zo héél strak voor. Aan die 'grafische notatie' is dit hoofdstuk 5 gewijd.

Er bestaan geen 'vaste' afspraken over grafische notatie. Jij bedenkt en gebruikt jouw grafische notatie om jouw muzikale ideeën op papier te zetten en ze te kunnen lezen, begrijpen, over te dragen of uit te (laten) voeren. Je gebruikt symbolen die begrijpelijk zijn voor de mensen die je wilt bereiken.
Met de grafische notatie kun je – niet al te ingewikkelde – muziek op een inzichtelijke manier visualiseren. Grafische notatie is een prima manier – zeker voor jongere kinderen – om de complexere traditionele notatie te leren begrijpen. Om een goede les grafische notatie te geven, moet je daar zelf vaardig in zijn.
Als je basisstof van hoofdstuk 5 beheerst, beschik je over de kennis en kunde om:

- de klankeigenschappen grafisch weer te geven;
- combinaties van een of meer klankeigenschappen grafisch weer te geven;
- de vorm van een muziekstuk (vormprincipes, compositievormen en vormschema's) grafisch te verbeelden;
- een muziekstuk met eigen symboolnotatie vast te leggen;
- de betekenis van muziek met symbolen te duiden.

5.1 Grafische notatie van klank

Je kunt de vier klankeigenschappen – toonduur, toonhoogte, toonsterkte en klankkleur – in symbolen verbeelden en noteren, bijvoorbeeld bij toonduur: lang – kort – langer.

Je kunt op een dergelijke manier combinaties van de klankeigenschappen vastleggen.

Maar hoe meer klankeigenschappen je in je grafische weergave combineert, hoe complexer de figuur en dus de interpretatie. Je leert uiteindelijk vier klankeigenschappen in één figuur weer te geven.

5.2 Grafische notatie van vorm

Muziek bestaat uit de elementen klank, vorm en betekenis. De vorm – structuur – van een muziekstuk of lied leent zich prima om grafisch weer te geven.

De structuur van een vierstemmige canon

Met grafische notatie kun je ook de vormprincipes en compositievormen verbeelden:

Vormprincipe contrast

Compositievorm couplet – refrein
(Het laatste couplet en refrein wijken iets af)

Net als bij de klankeigenschappen gebruik je een symbool, alleen nu voor de vormen.

5.3 Grafische notatie van betekenis

Ook het derde element van muziek – betekenis – kun je grafisch weergeven, al is het maar met simpele (weer)symbooltjes.

Dat is vooral handig bij jonge kinderen, zeker als ze nog niet kunnen lezen. Maar, ook bij oudere kinderen en volwassenen werkt deze 'symboolnotatie' heel goed. Ga je zelf maar na.

Hoofdstuk 5 ACTIVITEITEN - GRAFISCHE NOTATIE

Oefening 5.1 **Klank verbeelden**

Opdrachten:

1. Bedenk een grafische notatie van één klankeigenschap en noteer die.

2. Kies een geschikt instrument en speel je eigen grafische uitwerking. Maak er een opname van (telefoontje!) en beluister die terwijl je de notatie meeleest. Klopt wat je speelt met de notatie?

3. Laat een medestudent (huisgenoot?) je grafische notatie ook spelen op dat instrument. Neem dat op en vergelijk het met je eigen uitvoering.

4. Bedenk welke materialen je kunt gebruiken. Noteer dat kort.

MLM 5.1 **Vier in één!**

Met deze **MLM 5.1** sluit je het onderdeel 'Grafische notatie van klank' af. Bij wijze van uitzondering doe je deze MLM – het verbeelden van de vier klankeigenschappen – niet samen met de kinderen.

Opdrachten:

1. Werk een korte, eigen compositie met alle klankeigenschappen uit. Bedenk vooraf welk(e) instrument(en) je wilt gebruiken en of je daarmee alle vier de klankeigenschappen kunt verklanken. Noteer je uiteindelijke grafische notatie op dit Werkblad, maar werk eerst op een ander (klad)papier.

2. Voer je compositie uit en maak er een opname van. Beluister je opname kritisch. Klopt wat je speelt met de notatie? Maak zo nodig een betere opname. Pas je grafische notatie aan als die lastig te spelen blijkt.

3. Vraag de mening van anderen over jouw werk. Is de koppeling van geluid (opname) en beeld (notatie) duidelijk en logisch? Geef je conclusie kort weer.

4. Bedenk en beschrijf een andere manier van noteren dan op papier, bijvoorbeeld met concreet materiaal.

Oefening 5.2 **Vormprincipes**

De bron bij dit werkblad staat op de site.

Opdracht: Maak een grafisch vormschema van het liedje Ridder Sjors met letters en met kleur. Aandachtspunt: is het deel waar de melodie anders klinkt contrast of variatie?

Oefening 5.3 **Hoe gaat het verder?**

De bronnen bij deze activiteit staan op de site.

Opdracht:

Maak een vormschema 'What about us' van P!nk. Let op: de begeleiding van het nummer blijft het hele nummer gelijk. Maak dus een schema op basis van de gezongen melodie.

Legenda:

A is het couplet

B is het refrein in 2 varianten

C is instrumentaal tussenstuk

MLM 5.2 **Vorm krijgt vorm**

De bron bij deze MLM staat op de site.

Deze MLM is bedoeld voor de bovenbouw. Met deze MLM 5.2 sluit je het onderdeel 'Grafische notatie van vorm' af. Je doet deze MLM samen met kinderen van de bovenbouw. Lees de MLM goed door en neem de tijd voor een goede voorbereiding.

Opdrachten:

1. Kies een – qua vorm – relatief eenvoudig liedje van je favoriete artiest of groep en maak daar een vormschema van.

2. Leer de kinderen het liedje aan. Gebruik eventueel een karaokeversie (Youtube).
3. Onderzoek samen de structuur van het liedje. Uit hoeveel verschillende onderdelen bestaat het?
4. Spreek af welke symbolen – bijvoorbeeld op basis van de tekst – ze willen gebruiken om de structuur weer te geven en laat hen een vormschema maken.
5. Bespreek de resultaten. Zien ze de structuur van het liedje terug in hun schema's?

Oefening 5.4 **Hoe klinkt het weer ook al weer**

Opdrachten:

Teken de afbeeldingen in kleur op het bord. Maak een kopie van elk symbool op A5-formaat. Zorg voor afplaktape.

Afb. 1

Afb. 2

Afb. 3

Afb. 4

1. Introduceer de plaatsjes bij de kinderen. Vraag hen geluiden te maken die erbij horen. Kies vervolgens samen bij elk plaatje een geluid. Je kunt de afbeeldingen overigens ook met twee ritmestokjes of potloden (laten) verklanken:
   - Afb. 1: sla met de ritmestokjes rustig tegen elkaar.
   - Afb. 2: sla je de stokjes snel en luid tegen elkaar.
   - Afb. 3: Het is stil.
   - Afb. 4: Schuif de stokjes langs elkaar.
2. Oefen de geluiden door steeds een ander plaatje omhoog te houden.
3. Hang de kopieën in steeds wisselende volgorde op het op het bord. Samen met de kinderen speel je wat er staat.

Oefening 5.5 **Animal song**

Opdrachten:

1. Kopieer dit blad en knip de plaatjes uit. Leg ze in een willekeurige volgorde. Spreek de dierennamen in de juiste volgorde en ritmisch – met een regelmaat – uit. Klap het ritme terwijl je in je hoofd de dierennamen meedenkt. Doe dat een aantal keer met een wisselende volgorde. Klinkt een ritme niet goed, pas dan de volgorde aan.

2. Speel je stukje op een schoolinstrument zonder toonhoogte, bijvoorbeeld op een trommel, triangel of een instrument naar keuze.
3. Doe opdracht 1 en 2 met andere symbolen, bijvoorbeeld van fruit, snoep, lichaamsdelen, seizoenen of een ander onderwerp. Teken de plaatjes of haal ze van internet halen en leg ze in steeds wisselende volgordes. Klap de namen ritmisch mee of speel de ritmes op een instrument.

Meesterproef 5 **Grafische notatie**

In deze Meesterproef componeer je een speelstuk met klanken, gekoppeld aan een thema (betekenisgeving). Je maakt een grafische notatie die je presenteert en uitvoert. De uitvoering leg je vast met een filmpje. Je maakt bovendien een checklist met aandachtspunten voor een uitvoering met de kinderen. Deze Meesterproef bestaat dus uit:

- de notatie van de composities;
- de vormschema's van de deelcomposities en de totale compositie;
- de opname van de uitvoering;
- de checklist voor uitvoering met kinderen.

Voorbereiding

- Kies een thema of sluit aan bij een thema waar de kinderen actueel mee bezig zijn.
- Maak drie klankcomposities:
  - Compositie A: met één klankeigenschap. Gebruik de notatie bij Oefening 5.1 (één klankeigenschap).
  - Compositie B: met vier klankeigenschappen. Gebruik de notatie van bij MLM 5.1 (vier klankeigenschappen).
  - Compositie C: met de notatie van Oefening 5.5 (betekenis).
  - Pas de notatie van de drie composities – indien nodig – aan het thema aan.
- Bedenk een vorm waarin je deze drie composities afwisselend speelt en waarin in ieder geval de vormprincipes herhaling en contrast voorkomen. Variatie mag ook, maar hoeft niet.
- Maak een vormschema met behulp van letters, vormen, kleuren of een combinatie:
  - voor ieder van de composities A t/m C;
  - voor de samengestelde compositie.
- Bedenk op welke manier je de composities uit wilt voeren: met instrumenten, met Bodymusic of met andere materialen.
- Benader medestudenten om je compositie samen uit te voeren. Als tegenprestatie doe jij hetzelfde voor hen. Herkennen ze het thema aan de notatie?

Verloop

- Oefen de composities a t/m C.
- Gaat dat goed, oefen dan de volledige compositie. Besteed extra aandacht aan de overgangen tussen de verschillende delen.
- Voer de totale compositie uit en laat de uitvoering filmen.

Checklist
Ter afsluiting van de deze Meesterproef ontwerp je een checklist met aandachtspunten voor de uitvoering van deze – of een soortgelijke – compositie met kinderen, bijvoorbeeld met de kinderen uit je stageklas. Maak de checklist niet te omvangrijk en werk met steekwoorden. Denk aan punten als:

- Welke groep /welk thema?
- Wat moet jij weten / kunnen?
- Voorbereiding en materialen?
- Instructievorm?
- Evaluatie?

Hoofdstuk 5 ANTWOORDEN - GRAFISCHE NOTATIE

Oefening 5.2: Vormprincipes – Ridder Sjors
Het deel waar de melodie anders klinkt is variatie.
Het vormschema:

A – A – A' – A' – A

Oefening 5.3: **Compositievormen – Hoe gaat het verder?**
De begeleiding blijft het hele nummer gelijk. Het vormschema op basis van de gezongen melodie is:

Intro – A – B – B1 – B2 – A – B1 – B2 – C – B2 – A' – A" – B1 – B2 – Outro

Legenda:
A is het couplet
B is het refrein in 2 varianten
C is instrumentaal tussenstuk

Hoofdstuk 6 **LEZEN EN NOTEREN - TRADITIONELE NOTATIE**

Muziek bestaat – dat weet je inmiddels – uit klank, vorm en betekenis. Klank kun je verder omschrijven door – de samenhang tussen – de klankeigenschappen toonduur, toonhoogte, toonsterkte en klankkleur. Bij vorm zijn de vormprincipes herhaling, variatie en contrast leidend. Betekenis geven aan muziek kun je doen op basis van de bedoeling van de componist – de zogenaamde programmamuziek – of vanuit een persoonlijk en subjectief perspectief.

Waar gaat dit hoofdstuk over?
De traditionele notatie beschrijft de klankeigenschappen heel precies met behulp van tekens en – vooral Italiaanse – termen. Ook voor het beschrijven van vorm en betekenis gebruik je tekens en termen. Maar, je kunt vorm – met uitzondering van herhaling – veel minder exact omschrijven dan klank.
Dat geldt zeker ook voor betekenis, want: hoe leg je die vast? Er blijft altijd ruimte voor interpretatie, hoe nauwkeurig je dat ook hebt willen omschrijven.
Hoofdstuk 6 gaat vooral over het notenschrift, de belangrijkste manier om vooral de klankelementen zo exact mogelijk vast te leggen.
Als je basisstof van dit hoofdstuk beheerst:

- Heb je zicht op de notatie van klank, vorm en betekenis.
- Kun je een eenvoudig notenschrift lezen en interpreteren.
- Ben je in staat zelf een notenschrift te maken of te voltooien.
- Ken je de voortekens en de – meest voorkomende – toonladders.
- Kun je een lied beoordelen op geschiktheid voor de basisschool.
- Kun je die kennis en kunde in de praktijk brengen.
- Heb je de **Meesterproef 6** met succes volbracht.

6.1 Toonduur

Toonduur heeft te maken met het vastleggen van beweging, de samenhang tussen maat en ritme. Maat legt regels vast: wat kan/mag wel of niet. Ritme speelt het spel, maakt beweging en zorgt voor dynamiek. Eigenlijk is er eerst beweging, ritme en spel. Pas daarna leg je dat vast.

6.2 Toonhoogte

Toonhoogte zegt iets over – technisch gezien – de trillingen per seconde. In de muziek leg je dat vast met behulp van de positie van een klank op de notenbalk en dus in de vorm van een noot. De verschillen komen ook op die balk tot uitdrukking. Bovendien kun je die noten manipuleren – in een reeks plaatsen, tonen verhogen of tonen verlagen – en er zo een melodie van maken.

6.3 Toonsterkte

Toonsterkte gaat niet over volume, maar over de nuances in geluidssterkte. Om dat te beschrijven ben je 'veroordeeld' tot het gebruik van (Italiaanse) termen.

Klankkleur
Het karakter van muziek kun je – in de traditionele notatie – alleen beschrijven in (weer) woorden.

6.4 Vorm
Alleen het vormprincipe herhaling kun je op een notenbalk echt goed vastleggen, meestal met behulp van herhalingstekens in combinatie met – alweer – woorden.

Voor het noteren van betekenis is de traditionele notatie te weinig van toepassing. Daarom is er over dat aspect van muziek in hoofdstuk 6 geen aparte paragraaf opgenomen.

Hoofdstuk 6 ACTIVITEITEN - TRADITIONELE NOTATIE

Oefening 6.1 **Een stevige basis (Ritmeblad 1)**

De fragmenten die je nodig hebt, staan op de website. Je kunt het Ritmeblad dat je nodig hebt op de site downloaden. Print het ritmeblad uit.

Opdrachten:

1. Voer de ritmes van het werkblad uit met het fragment 'Nachtlift' als begeleidingsmuziek. Je kunt meeklappen of op een (slag)instrument spelen. Blijft dat lastig, gebruik dan 'ritmetaal' i.c.m. het fragment, of doe het samen met een medestudent!
2. Lukt het goed om de ritmes uit te voeten, knip dan de hokjes van het werkblad 6.1 los en hussel ze door elkaar. Probeer de ritmes in willekeurige volgorde uit te voeren.
3. Ritme kun je ook oefenen met een liedje. Oefen de eerste regel uit het liedje 'Kling klokje klingelingeling'. Aan het eind staat geen dubbele streep, want het liedje is nog niet afgelopen!

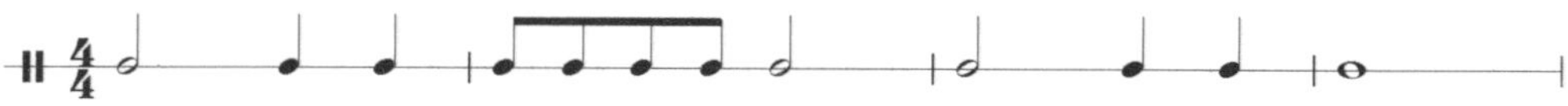

Kling klok - je klin - ge - lin - ge - ling kling klok - je kling

half kwart kwart achtste achtste half half kwart kwart héééél

Oefening 6.2 **Noten en rusten (Ritmeblad 2)**

Het fragment dat je nodig hebt, staat op de website. Je kunt het Ritmeblad downloaden van de site. Print het ritmeblad uit.

Opdrachten:

1. Beluister het fragment en spreek de ritmetaal mee.
2. Gaat dat goed, knip dan de hokjes op het Ritmeblad los. Hussel ze door elkaar, leg ze in een andere volgorde en voer ze uit.

Oefening 6.3 **In de verlenging!**

Opdracht:

Vul de tabel in en bespreek de antwoorden met een medestudent.

Notenbeeld	Omschrijving	Aantal tellen
1. 	Als de kwartnoot de teleenheid is, dan duurt deze toon: Als de halve noot de teleenheid is, dan duurt deze toon: Als de achtste noot de teleenheid is, dan duurt deze toon:	....
2. 	Als de kwartnoot de teleenheid is, dan duurt deze toon: Als de halve noot de teleenheid is, dan duurt deze toon: Als de achtste noot de teleenheid is, dan duurt deze toon:	....

Oefening 6.4 **Gepuncteerd en wel (Ritmeblad 3)**

Het fragment dat je nodig hebt, staat op de website. Je kunt het Ritmeblad downloaden van de site. Print het ritmeblad uit.

Opdrachten:

1. Oefen de eenvoudige ritmes van het Ritmeblad. Als dat goed gaat, probeer je de wat moeilijker combinaties. Laat je niet afschrikken door het notenbeeld en gebruik steeds de ritmetaal.
2. Gaat dat goed, knip de hokjes los, hussel ze door elkaar en spreek de ritmetaal uit.

MLM 6.1 **You've got Rythm (Ritmeblad 4)**

Met MLM 6.1 sluit je – samen met de kinderen – het onderdeel Ritme af. De bronnen bij MLM 6.1 staan op de website. Je kunt Ritmeblad 1 downloaden. Kopieer voldoende exemplaren en zorg ervoor dat je ritmeblad 1 op het digibord kunt projecteren.

Doe je de uitbreiding, download dan ook Ritmeblad 4. Zorg ervoor dat je het ritmeblad op een digibord kunt projecteren. Download ook de bladmuziek van 'Blunder met een blender', zorg voor voldoende exemplaren of projecteer het op het digibord.

Basis

- Vooraf (basis)

  Print het Ritmeblad 1 twee keer uit. Knip van een blad de vakjes los en vergroot ze tot A4 formaat, of zorg ervoor dat je het volledige ritmeblad 1 én elk vakje apart kunt projecteren op het digibord. Oefen zelf het ritme en het aanwijzen van de noten van het Ritmeblad met behulp van het fragment. Oefen ook een aantal gehusselde versies (met de losgeknipte vakjes).

  Gaat dit Ritmeblad goed, leer dan het liedje Nachtlift (Ritmeblad 1). Zorg ervoor dat je de noten correct zingt, dat wil zeggen: met de juiste naam, ritmetaal en duur. Bedenk vervolgens hoe je de MLM organiseert in de klas.
- Verloop (basis)
  1. Zing het liedje Nachtlift (Ritmeblad 1) en vraag de kinderen waarover je gezongen hebt. Bespreek een aantal antwoorden.
  2. Zing het liedje een tweede keer voor en teken – terwijl je zingt – de noot op het bord. Vraag de kinderen steeds naar de naam van de getekende noot.
  3. Vervolgens zing je het liedje voor de derde keer en vraag je de kinderen om de noten die je zingt in de lucht mee te tekenen.
  4. Projecteer Ritmeblad 1 of hang de vergrote vakjes in volgorde op het bord.
  5. Speel Nachtlift (zonder ritme). Terwijl je de noten op de muziek meespreekt, wijs je ze op het ritmeblad aan. Laat de kinderen meedoen, oefen dit een paar keer, tot het goed gaat. Klap samen met de kinderen Ritmeblad 1 mee. Geef feedback bij de cellen (vakjes) waar ze fouten maken en oefen die desnoods apart.
  6. Hussel de volgorde van de vakjes door elkaar. Spreek deze versie van ritmeblad 1 voor en laat ze daarna meedoen. Ook deze variaties kun je meeklappen.
  7. Hussel nog een keer of laat (een van) de kinderen husselen. Voer de gehusselde versies uit totdat de kinderen het zonder hulp kunnen.

  Hier eindigt MLM 6.1. Je kunt deze MLM uitbreiden.

Uitbreiding

- Vooraf (uitbreiding)

  Beluister het fragment Nachtmix (Ritmeblad 4) en leer het jezelf aan. Zorg ervoor dat je Ritmeblad 4 op het digibord kunt projecteren. Beluister vervolgens het liedje 'Blunder met een blender' en leer jezelf ook dat liedje aan.
- Verloop (uitbreiding)
  1. Zing nogmaals samen met de kinderen Nachtlift (Ritmeblad 1).
  2. Speel het liedje Nachtlift (Ritmeblad 4) af en wijs de noten aan.
  3. Speel vervolgens 'Blunder met een blender' af en vraag de kinderen of ze noten van Ritmeblad 4 herkennen. Doe dat niet te lang.

4. Projecteer de tekst en het notenbeeld van 'Blunder met een blender' op het digibord. Zijn er kinderen die noten herkennen? Gebruik de namen van de vruchten uit het liedje als ritmetaal.
5. Zing samen het liedje.

Oefening 6.5 **Samen op maat**

Opdracht:

In deze vijf afbeeldingen zie je het eerste en laatste deel van een liedje. Bij de diagonale strepen is een deel weggelaten. Twee van de afbeeldingen bevatten een fout. Welke afbeeldingen zijn dat? Welke fouten?

Afbeeldingen:
Fouten:

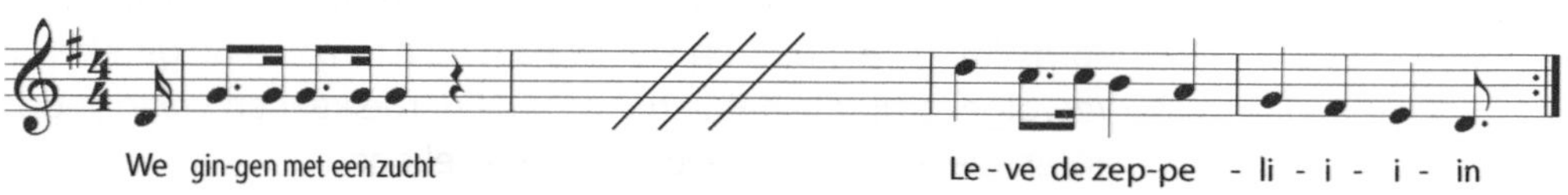

MLM 6.2 **De juiste maat (Ritmebladen 5 t/m 7)**

MLM 6.2 doe je samen met de kinderen ter afsluiting van het onderdeel maat. Neem de tijd voor je voorbereiding. De bronnen bij MLM 6.2 staan op de website. Op de site de Ritmebladen 5 tot en met 7 downloaden. Zorg voor voldoende exemplaren of projecteer ze op het digibord.

- Voorbereiding

  Oefen de bewegingen bij de maatsoorten vooraf! Bepaal of je de kinderen op hun plek of vrij in de ruimte wilt laten bewegen (Opdracht 2). Zet een verjaardagstaart op het bord, zoals van Gynzy.

- Verloop

Opdrachten:

1. De klas zingt deze verjaardagsliedjes. Gebruik de fragmenten als begeleiding.
2. Doe de beweging bij elk lied voor. De kinderen doen de beweging individueel na.

Lied	In de ruimte	Op de plaats
De kop van de kat	Marcheren	Stamp – klap
Happy birthday	Wals	Stamp – klap – klap
Lang zal ze leven	Bijtrekpas naar links en rechts	Stamp – klap – knie – klap
Er is er een jarig	Schaatspas	Stamp – klap – klap – knie – klap – klap

3. De klas maakt de bewegingen van de losse fragmenten nu achter elkaar. Doe zelf mee en geef het goede voorbeeld. Zo geef je impliciet ook leiding. Verwacht niet dat het direct goed gaat.

MLM 6.3 **Maat en ritme (Ritmebladen 2, 5, 6 en 7)**

In MLM 6.3 onderzoek je samen met de kinderen de samenhang tussen ritme en maat. De bronnen bij deze MLM staan op de website. De Ritmebladen 2, 5, 6 en 7 heb je eerder al gedownload. Zorg voor voldoende exemplaren: voor elk groepje één setje. Neem de tijd voor je voorbereiding.

- Voorbereiding:
  Oefen de ritmetaal van alle vier de ritmebladen. Zorg ervoor dat je snel kunt wisselen tussen de diverse bladen.
- Opdrachten:
  1. Oefen een aantal ritmebladen met de klas op de begeleidingsmuziek, ieder blad twee keer. De eerste keer alleen oefenen op ritmetaal, de tweede keer breng je ook de juiste maat in door – bijvoorbeeld – mee te tikken of te klappen.
  2. Verdeel de klas in vier groepen. De kinderen knippen de cellen van hun ritmeblad uit en husselen die door elkaar. Alle maatsoorten liggen dan door elkaar.
  3. De groepjes leggen de cellen met dezelfde maatsoorten bij elkaar in vier stapeltjes. Je kunt daar een wedstrijdje van maken. De winnaars (als eerste klaar / alles goed) bepalen welk groepje als eerste de ritmes uitvoert. Gebruik niet verknipte bladen ter controle.
  4. Als de groepjes de stapels klaar hebben, leggen ze de cellen van elke stapel in een volgorde naar keuze en oefenen ze de maatsoorten. Ter afsluiting voert elk groepje om de beurt een ritme van een maatsoort uit.

Oefening 6.6 **Kruis is mol?**

Opdracht: Vul de tabel verder in:

Toon	Klinkt als:	Toon	Klinkt als:
Ces	B	Cis	Des
Gis		Fis	
E		Ais	
Dis		B	

Oefening 6.7 **Zo simpel kan het zijn**

Opdracht:

Gebruik je piano app en speel bij het couplet van 'Streets of London' deze begeleidingsmelodie:

Streets of London

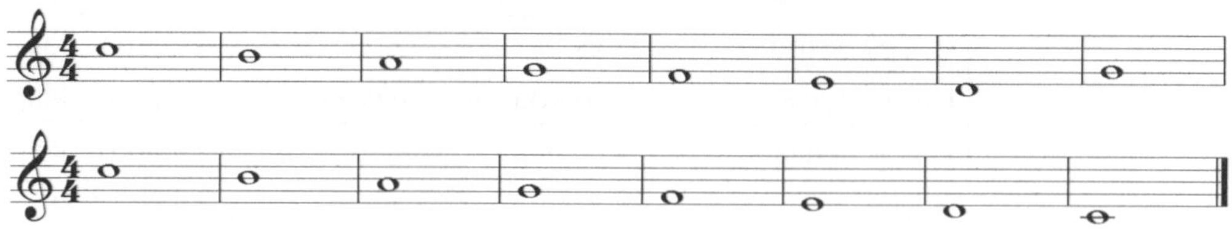

Luister-opdracht 6.28 **Toontrappetjes**

Het origineel:

Variant 1:

Variant 2:

Opdracht:

Vergelijk het origineel met de varianten. Welke toon 'klopt niet' bij variant 1? Welke toon 'klopt niet' bij variant 2? Probeer dat te bepalen voor je de uitleg op de site leest!

Oefening 6.8 **Zo moet het!**

Opdracht: Speel de trappetjes van het notenschrift op je piano app. Schrijf eerst in je werkboek het kruis en de mol bij de juiste toon. Luister ter controle naar het fragment. Noteer een kruis of mol op de juiste plek in het notenbeeld.

In G:

In E:

MLM 6.4 **De boer met z'n kip**

De bronnen bij deze MLM staan op de site.

Met deze MLM sluit je samen met de kinderen het onderdeel toonhoogte af. Neem de tijd om de MLM goed voor te bereiden.

- Wat heb je nodig
  - Een piano op het digibord (zie link op website)
  - Schoolinstrumenten:
    - Staafspelen (denk aan de Fis en de Bes staven en controleer het aantal kloppers).
    - Of: Boomwhackers (alleen als er ook een Fis en Bes aanwezig is)
    - Of: dezelfde 'online piano' als jij gebruikt, maar dan voor elk kind op een tablet.
  - De fragmenten van 'Boer, daar ligt een kip in 't water' (website).
- Instructie
  - Zorg ervoor dat je een flink tempo houdt. Het is niet heel erg als je de vragen – na korte tijd – zelf beantwoordt.
  - Speel 'Boer, daar ligt een kip in 't water' een keer met en een keer zonder begeleiding. Begin op de centrale C. Doe dat met alleen je wijsvinger.

    - Kennen de kinderen dit liedje? Laat een aantal kinderen het liedje – zonder en met de begeleiding – naspelen. Zien ze dat de noot die ze spelen op de notenbalk verschijnt? Wat gebeurt er met die noten als je steeds hoger gaat? Antwoord: ze komen steeds hoger op de balk.
    - Speel het liedje ook vanaf de D en vraag hen of het nog 'goed' klinkt. Als ze twijfelen, speel je beide versies achter elkaar. Horen ze welke toets niet 'goed' klinkt? Houdt de 3e (te lage) toon eventueel nét iets langer aan. Hoe los je dat op?
    - Misschien weten enkele kinderen dat je dan een zwarte toets gebruikt. Welke? Een extra teken in de balk - een kruis - maakt de te lage toon hoger.
    - Doe hetzelfde vanaf de F.' Dan is de 4e toon te hoog. Gebruik de (lagere) zwarte toets ernaast: de Bes. Het teken daarvoor noem je een mol.
- Variant 1: staafspelen
    - Verken het staafspel met de kinderen. Welk verschil zien ze met een piano (geen zwarte toetsen). Als je het liedje begint op C of G (in de staaf gegraveerd) klopt de melodie. Speel je vanaf D, dan moet je een staaf vervangen.
    - Een groepje kinderen speelt het liedje vanaf C. Laat het groepje met de begeleidingsmuziek meespelen. Tel af om samen te starten.
    - Begin op de D. Welk staafje moeten ze vervangen om het liedje 'kloppend' te maken? Hoe zie je dat het staafje anders is? Het is iets korter en er staat F# in.
    - Ze spelen het liedje – na vervanging – nogmaals. Herhaal dit met F.
    - Doe dit met wisselende groepjes zodat alle kinderen aan de beurt komen.
- Variant 2: Boomwhackers
  Vijf kinderen spelen – zonder begeleiding – vanaf C en dan vanaf D. Welke buis klopt niet? Vervang de F door een Fis en vergelijk de buislengtes. Kies zelf of je ze vanaf de F laat spelen. Begeleiden kan als ze ervaring met Boomwhackers hebben.
- Variant 3: online piano
  De kinderen proberen – nadat je het liedje hebt voorgespeeld – vanaf elke starttoon mee te spelen, ook met de begeleiding. Bespreek na elke starttoon of ze een zwarte toets nodig hebben om het liedje 'kloppend' te maken en welke toon dat is.

Meesterproef 6 **Traditionele notatie**

Opdrachten:

1. Vul de melodie van 'Vader Jacob' aan. Let op toonhoogte (stokrichting!) en de toonduur. Welke maatsoort hoort vooraan? Je moet dit doen met je innerlijke klankvoorstelling en gezond verstand. Let op: schrijf de tekst goed onder de noten!

Vader Jacob

2. Vind je dit nog moeilijk? Gebruik dan de 'Hints' op de website. Heb je opdracht 1 afgerond, ga dan verder met opdracht 3.
3. Vul de melodie van 'Kortjakje' aan met de juiste noten. Deze keer zijn er geen hints.

Kortjakje

Hoofdstuk 6 ANTWOORDEN - TRADITIONELE NOTATIE

Oefening 6.3 **In de verlenging!**

Notenbeeld	Omschrijving	Aantal tellen
1. 	Als de kwartnoot de teleenheid is, dan duurt deze toon:	2½ tel
	Als de halve noot de teleenheid is, dan duurt deze toon:	1¼ tel
	Als de achtste noot de teleenheid is, dan duurt deze toon:	5 tellen
2. 	Als de kwartnoot de teleenheid is, dan duurt deze toon:	1½ tel
	Als de halve noot de teleenheid is, dan duurt deze toon:	¾ tel
	Als de achtste noot de teleenheid is, dan duurt deze toon:	3 tellen

Oefening 6.5 **Kruis is mol?**

Toon	Klinkt als:	Toon	Klinkt als:
Ces	B	Cis	Des
Gis	As	Fis	Ges
E	Fes	Ais	Bes
Dis	Es	B	Ces

Oefening 6.7 **Zo moet het!**

In G: er komt niks bij! (De Fis in de toonladder van G gebruik je hier niet!)

In E: eigenlijk komen er 4 kruizen in de toonladder van E voor, maar je gebruikt er maar 2, voor de F en de G. Dat gebeurt op de heenweg en op de terugweg.

Meesterproef 6 Traditionele notatie

Vader Jacob

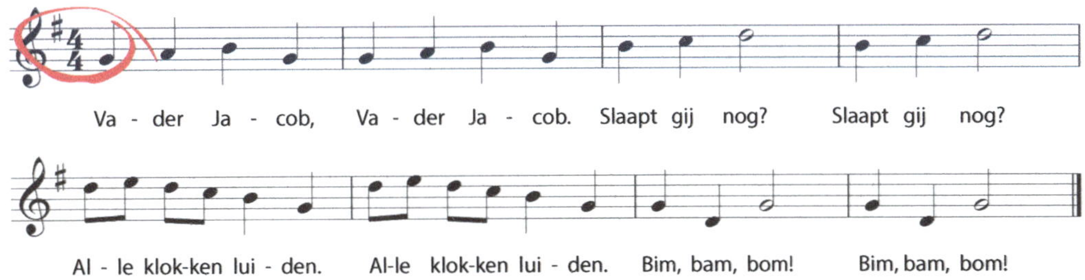

Kortjakje

Hoofdstuk 7

MUZIEK MAKEN

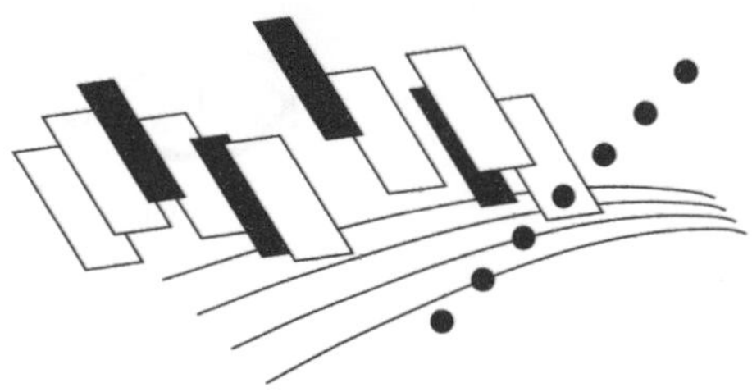

Misschien wel het eerste waar je bij muziek aan denkt is een instrument bespelen en muziek maken! Je bent niet de enige: meer dan 10% van de Nederlanders zingt bijvoorbeeld in een koor, professioneel of amateur! Maar, muziek maken is meer dan zingen of een instrument bespelen. Het domein 'Muziek maken' gaat ook over het bedenken van en improviseren op muziek.

Waar gaat dit hoofdstuk over?
Je kunt dit hoofdstuk in twee onderwerpen verdelen:
1. Het kiezen van een instrument en dat op een basaal niveau (leren) bespelen.
2. Gebruiken van instrumenten – o.a. je eigen – om samen muziek te maken. Dat kun je doen met je eigen instrument, met de zogenaamde schoolinstrumenten, met bestaande of zelf bedachte muziek of door improvisatie.

Als je dit hoofdstuk beheerst:
- Heb je zicht op welk instrument voor jou het meest geschikt is.
- Kun je dat instrument op de juiste manier en op een basaal niveau bespelen.
- Heb je weet van 'schoolinstrumenten' en het gebruik daarvan.
- Kun je jouw instrument en/of schoolinstrumenten inzetten voor je primaire, muzikale lesdoel.
- Kun je het zingen van een lied of melodie op een eenvoudig niveau begeleiden.
- Beheers je pentatonische en blues toonladders voldoende om er op te improviseren.
- Kun je de kennis en kunde uit hoofdstuk 7 in de praktijk brengen.
- Heb je de Meesterproef 7 met succes volbracht.

7.1 INSTRUMENTKEUZE

Je opleiding verwacht – eist waarschijnlijk – dat je een instrument beheerst op minimaal een basaal niveau. De reden: het gebruik van een instrument geeft een extra dimensie aan een muziekles.
Dit hoofdstuk staat stil bij de vraag welk instrument voor jou – in de context van muziekonderwijs – het meest geschikt is. Paragraaf 7.1 behandelt vier instrumenten: blokfluit, keyboard (of piano), gitaar en ukelele. Van elk instrument komt aan bod:
- Wat is het voor een instrument?
- Waar let je op bij aanschaf?
- Hoe werkt het instrument?
- Hoe bespeel je het instrument op een basaal niveau.

Op de website staat bij deze paragraaf een 'Stappenplan bladmuziek' dat je helpt om notenschrift te 'vertalen' in het bespelen van je instrument.

7.2 SCHOOLINSTRUMENTEN

Paragraaf 7.2 gaat in op de samenstelling en het gebruik van het traditionele schoolinstrumentarium, ook wel het 'Orff instrumentarium'. Deze vooral slag- en schudinstrumenten zijn te bespelen zonder uitgebreide uitleg en daardoor bruikbaar in een klas.

7.3 Muziek maken in de klas

Paragraaf 7.3 behandelt het samen met kinderen muziek maken op school. Behalve dat je samen plezier hebt, ben je ook bezig met het vergroten van de muzikale vaardigheid en interesse van de kinderen. Paragraaf 7.3 besteedt aandacht aan:

1. Improviseren, ritmisch en melodisch.
2. Lied begeleiden, het werken met ostinaten en met 'lied versieren'.
3. Speelstukken in de vorm van meespeelpartituren en klank- en hoorspelen.

Hoofdstuk 7

Activiteiten - Muziek maken

De nummering van de oefeningen is niet altijd opvolgend.
Sommige oefeningen staan namelijk alleen op de website

Notenbalken oefeningen 7.2 t/m 7.9

Bij de **Oefeningen 7.2 t/m 7.7** heb je deze notenbalken nodig. De **Oefeningen 7.1 t/m 7.9** staan op de website. Je hebt voor die oefeningen je werkboek dus niet nodig.

Notenbalk 1: een kruis

Notenbalk 2: geen voorteken

Notenbalk 3: 'begeleiding Streets of London'

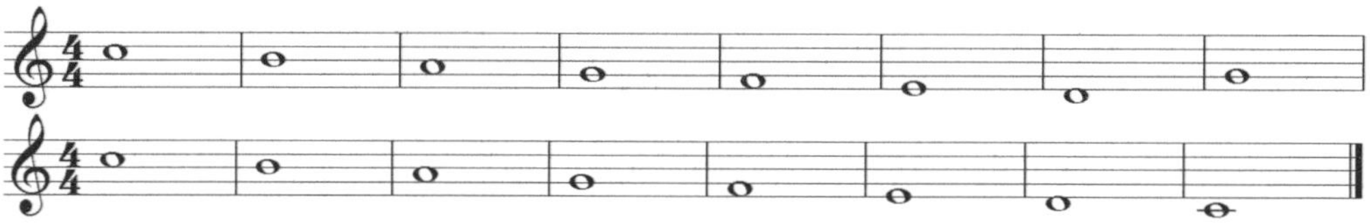

Notenbalk 4: twee kruizen (in toonladder D)

Notenbalk 5: een mol (in toonladder F)

Notenbalk 6: vier kruizen (in toonladder E)

MLM 7.1 **Instrumentkeuze**

De bronnen bij deze MLM staan op de website. Daar kun je ook – als je dat nodig hebt – de bladmuziek downloaden. Deze MLM heeft een basis- en een verdiepend deel.

- Vooraf:
  Leer de kinderen met behulp van de fragmenten 1 en 2 de liedjes 'Mieke heeft een lammetje' en 'Mieke, houd je vast' aan. Doe dat op een moment (ruim) voorafgaand aan de MLM. Stel de kinderen vragen over de toonhoogte en gebruik daarbij – alleen in de bovenbouw – eventueel de bladmuziek.
- Basis deel MLM:
  Speel de twee liedjes over Mieke op je instrument, maar vertel niet welk liedje je speelt. Herkennen de kinderen de liedjes? Zing ze nog een of twee keer samen. Daag hen vervolgens uit: je denkt niet dat een van de liedje (eigen keuze) kunnen zingen terwijl jij het andere liedje er doorheen speelt!! Ze moeten dus doorzingen zonder zich af te laten leiden. Denken ze dat hen dat lukt? Dat geldt overigens ook voor jou! Maak het spannend, bijvoorbeeld door te doen alsof jij niet gelooft dat ze dat kunnen. Je kunt eventueel fragmenten 3 en 4 gebruiken.
- Verdiepend deel MLM:
  Wil je het nog wat lastiger maken, verdeel dan de klas in twee groepen die – door de andere groep heen – hun eigen liedje zingen. Lukt dat, speel er dan zelf 'De wielen van de bus' doorheen. Je kunt de fragmenten 5 en 6 gebruiken om de kinderen te ondersteunen.

MLM 7.2 **Schoolinstrumenten: Balansen en begroten**

Deze opdracht kun je alleen of samen met medestudenten doen. Je hebt de 'Inventarisatielijst schoolinstrumenten' nodig die je op de website kunt downloaden.

Opdrachten:

1. Inventariseer welke instrumenten op school aanwezig en compleet zijn.
   Gebruik de inventarisatielijst. Zoek op internet naar afbeeldingen van instrumenten die je niet kent.
2. Maak een voorstel ter aanvulling van het schoolinstrumentarium
   Welke instrumenten (of onderdelen) mis je? Noteer welke instrumenten of onderdelen je aan wilt schaffen en waarom.
3. Maak een begroting
   Bereken de kosten van de wenselijke aanschaf (prijzen op internet). Overleg met de school of aanschaf mogelijk is en stem je prioriteiten af op het beschikbare budget. Verwacht geen wonderen. Een bedrag van € 250,- is voor veel scholen al veel geld. Beargumenteer je prioriteiten!

Oefening 7.12 **Improviseren met dieren**

Gebruik de begeleidingsmuziek van het liedje 'Een olifant' en de ritmetaal op de website. Spreek de woorden uit en klap ze mee. De ritmische cellen zijn:

Uitspraak:	O – li – fant	Kro – ko – dil – len	Aap	Tij – ger
Klappen:	kort – kort – lang	kort – kort – kort – kort	laaaaang	lang – lang

Opdracht:

Speel de muziek een aantal keren af zodat je de begeleiding kent. Klap of spreek steeds een ander dier, maar bepaal pas welke dierennaam je gebruikt op het moment dat je de muziek hoort. Vind je dat lastig, begin dan met een aantal keren uitspreken van dezelfde dierennaam. Je improviseert door te wisselen tussen de namen.

Oefening 7.13 **Crea met penta**

Gebruik de fragmenten op de website.

Opdrachten:

1. Beluister het liedje en lees de notatie mee. Speel de laatste regel van het liedje op je instrument mee (2 x 5 tonen). Gebruik tonen uit de pentatonische toonladder van C (zonder F, B en hoge C). De tekst van de derde regel legt de toonduur vast.
2. Lukt Opdracht 1, ga dan een stap verder: gebruik de begeleidingsmuziek en improviseer daarop. Gebruik bijvoorbeeld de voorbeeldfragmenten op de site. Probeer steeds een stapje verder te gaan, bijvoorbeeld door meer vrijheid te nemen in ritme en met twee klankeigenschappen te improviseren.

Oefening 7.14 **Crea met blues**

Speel zelf op een melodie-instrument met de begeleidingsmuziek mee. Als je op een xylofoon of klokkenspel speelt, prepareer het instrument dan eerst zodat je de juiste tonen ter beschikking hebt.

Opdrachten:

1. Speel eerst op elke tel een toon, je mag heel lang op dezelfde toon blijven doorgaan, maar ook toontrappetjes spelen. Durf "fouten" te maken, want dan leer je ze verdoezelen door op de volgende tel een naastliggende toon te spelen. Je went aan de klank van de akkoorden en de toonladder.
2. Na een tijdje kun je ritmische figuren proberen te spelen. Begin met een afwisseling 'kort-kort-lang'. Plan van tevoren wat ritmische cellen in, zoals 1-2-in-de-maat. Volg daarna het ritme van de begeleiding.
3. Plan het einde in. Zorg dat je weet wanneer het komt en bedenk een paar mogelijkheden om op een goede, melodieuze manier af te ronden.

MLM 7.3 **À la carte**

Met deze MLM sluit je – samen met de kinderen – het onderdeel 'Improviseren' van hoofdstuk 7.3 af. Neem er de tijd voor en bereid de MLM goed voor. Maak eventueel gebruik van afbeeldingen op Werkblad 5.7 van H5. Je hebt het schoolinstrumentarium nodig. De beschrijving van de MLM en de eventuele bronnen staan op de website.

Opdrachten:

1. Heb je de inleidende pagina over MLM 7.3 gelezen? Vul dan dit schema in. Gebruik steekwoorden!

Welke groep	
Sfeer in de groep	
Ervaring van de groep	
Vaardigheid van de groep	
Jouw kennis en kunde	
Instrumenten	
Jouw durf	

2. Kruis de opties die je kiest aan in het schema.

Ritmisch	1. Ritmische cellen	
	2. Vraag en antwoord	
Melodisch	3. Pentatoniek	
	4. Blues	

Luister-opdracht 7.3

Toveren met ostinaten

Gebruik de informatie en fragmenten op de website.

Opdrachten:

1. Beluister het fragment en probeer de groepjes te herkennen.
2. Speel het liedje 'De tovenaarsleerling' af en klap het maataccent mee. Het klappen van achtste noten is misschien niet zo gemakkelijk. Tik die dan mee op je knieën, afwisselend met links en rechts.

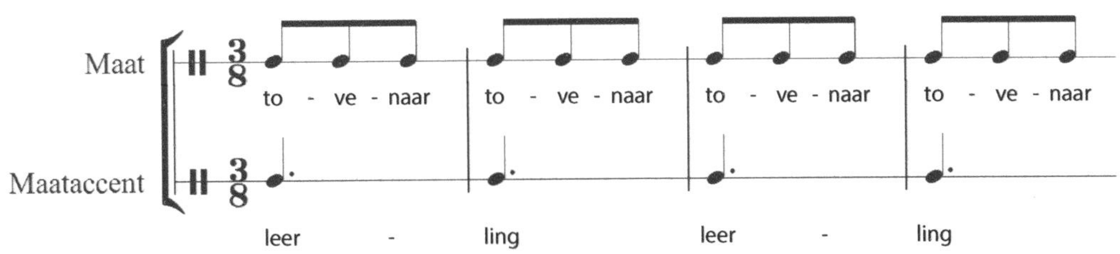

3. Klap het ostinaat mee met het fragment. Let op: het intro bestaat uit 5 maten.

Luister-opdracht 7.4

Herhaling – de canon

Gebruik de informatie en fragmenten op de website.

Opdrachten:

1. Beluister het fragment. Speel er vervolgens deel 1 herhalend doorheen. In het begin is dat eenvoudig, maar het wordt steeds lastiger. Doe hetzelfde met het vierde canondeel.
2. Speel samen met een medestudent delen door het liedje heen. Neem dat op en luister het terug. Klinkt het een beetje?
3. Doe eventueel de 'Uitbreiding' en 'Ritmische variant' die op de website staan.

Luister-opdracht 7.6

De bourdon – En toen waren er nog twee

Gebruik de informatie en fragmenten op de website.

Opdrachten:

1. Beluister de twee versies van 'Karavaan'. In de eerste versie hoor je de begeleiding met de akkoorden. De tweede versie wordt begeleid door een bourdon. Omschrijf de verschillen in karakter tussen beide versies in steekwoorden. Je bent dan vergelijkend aan het luisteren naar betekenis.
   Met akkoorden:

   ____

   Met bourdon:

   ____

2. Speel de bourdon met beide versies van het lied mee, eventueel samen met een of meer medestudenten. Voelt het bij de eerste versie alsof de bourdon 'botst' met de begeleiding?
3. Zoek een aantal eenvoudige canons – niveau Vader Jacob – en bepaal de bourdon. Speel die mee met de canon – gespeeld door medestudenten of van internet. Beoordeel hoe dat klinkt. Probeer de reden te ontdekken en onderbouw je mening. Doe dat voor minimaal drie canons.

Titel canon	Je oordeel	Onderbouwing

Oefening 7.15 **Versier eens een lied!**

Gebruik de fragmenten, voorbeelden en handreikingen op de website.

Opdrachten:

1. Speel de voorbeelden van de (voorgezongen) liedjes samen met klasgenoten mee. Gebruik daarvoor ieder een schoolinstrument.
2. Kies samen een lesdoel voor liedversiering en een geschikt lied. Maak een liedversiering en voer die samen met klasgenoten uit.

Oefening 7.17 **Een eigen klankspel (Theekransje)**

Het werkblad bij deze Oefening staat op de website.

Opdracht:

Maak een klankspel bij de afbeeldingen. Gebruik bijvoorbeeld een oud (of lelijk!) theeservies. Hoe gaat het verder na het inschenken? De plaatjes leggen de volgorde van het verhaal vast en zeggen niets over de duur en de geluiden. Dat is aan jou!

Meesterproef 7 **Muziek maken**

Met deze Meesterproef sluit je hoofdstuk 7 af. Je kunt de Meesterproef in de vorm van een filmpje opnemen in je vakdossier of Portfolio.

- Vooraf

  In hoofdstuk 7 heb je:
  - een instrument gekozen en dat – als je dat nog niet kon – op een basaal niveau leren bespelen;
  - kennis gemaakt met het schoolinstrumentarium;
  - drie manieren geleerd om samen muziek te maken in de klas.

  Deze Meesterproef is een combinatie van die drie paragrafen en gekoppeld aan 'jouw' instrument. Bij het onderdeel 'Hoor- en klankspelen' kun je dat instrument inzetten voor geluidseffecten. Dat komt in deze Meesterproef niet aan bod.

- Verloop
  1. Kies uit de MLM's van hoofdstuk 7.3 (Improviseren of Lied begeleiden/versieren) de MLM die je niet hebt gedaan en geef die MLM conform de beschrijving. Gebruik je eigen instrument bij de kern van de les.
     - Speel je blokfluit of keyboard.
       Speel het lied mee:
       - terwijl de kinderen improviseren;
       - ze de ostinaten spelen.
     - Speel je gitaar of ukelele.
       Gebruik je instrument:
       - om voor te doen wat improviseren is;
       - als begeleiding tijdens het oefenen en uitvoeren van een lied.
  2. Vraag een medestudent – of je mentor – een deel van de MLM's te filmen.

Hoofdstuk 8

HET VIJFHOEKMODEL

De hoofdstukken 1 tot en met 7 behandelen:

- de inhoud van – het vak – muziek: de drie aspecten: klank, vorm en betekenis;
- muzikaal gedrag: de domeinen;
- verwerkingsvormen die de samenhang vormgeven.

Ook dit model geeft dat nog eens weer:

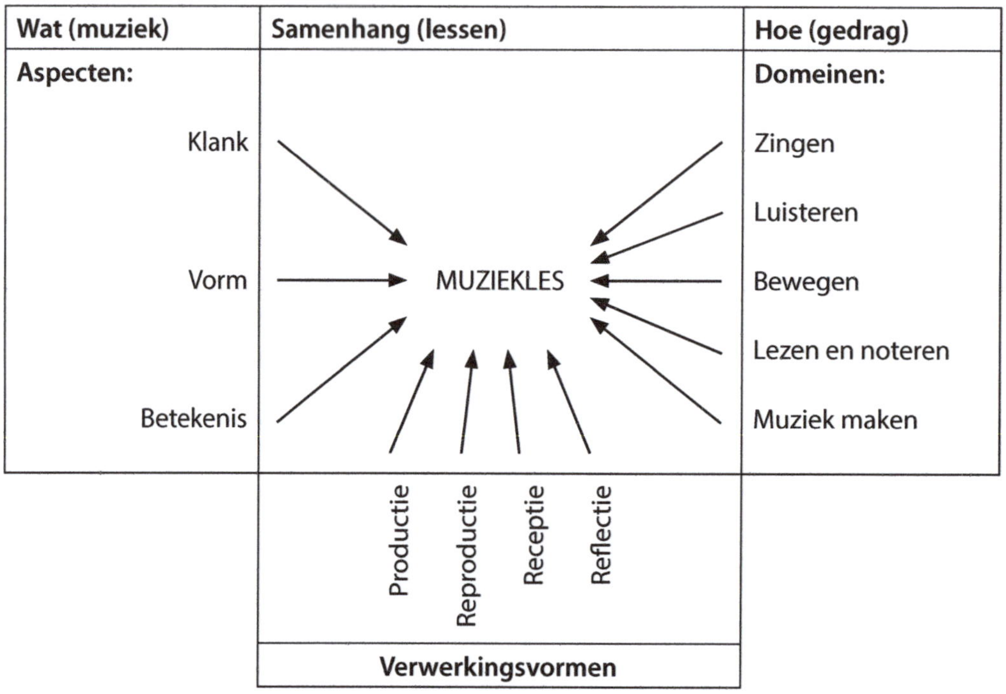

De vraag waar hoofdstuk 8 zich mee bezig houdt is de vraag naar jouw 'Kennis en kunde'. Met andere woorden: Wat vragen lessen en activiteiten van jou? Wat moet jij in huis hebben.

Waar gaat dit hoofdstuk over?

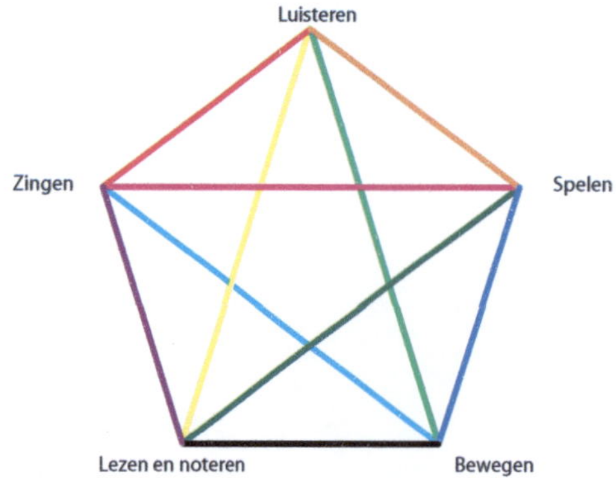

Dit hoofdstuk behandelt het 'Vijfhoekmodel'. Het vijfhoekmodel is een hulpmiddel dat je duidelijk maakt uit welke onderdelen van muziek en muzikaal gedrag de activiteit of les bestaat.

Tegelijkertijd helpt het vijfhoekmodel je in kaart te brengen wat je nodig hebt aan kennis en kunde om die activiteit of les te kunnen geven.

Dat wil dus zeggen dat je met behulp van het vijfhoekmodel je eigen sterke en minder sterke punten in kaart kunt brengen en daar je voorbereiding op kunt richten.
Het model is natuurlijk 'maar' een model. Het is niet de werkelijkheid. Die ervaar je elke dag voor de klas!

Achtereenvolgens behandelt hoofdstuk 8 het vijfhoekmodel in relatie tot:

- De inleiding van een les of activiteit.
  Onder het motto 'De eerste klap is een daalder waard' breekt paragraaf 8.1 een lans voor een muzikaal begin van een muziekles of – activiteit. Het gaat over muziek? Begin daar dan ook mee!
- De kern van een les of activiteit.
  Paragraaf 8.2 laat zien dat een goede muziekles meestal uit een combinatie van minimaal drie domeinen bestaat. Je leest welke domeinen veelvuldig voorkomen en zelfs 'dominant' zijn en welke de meer 'ondersteunende' domeinen zijn. Je maakt kennis met de meest voor de hand liggende combinaties van domeinen en met de eisen die zij stellen aan jou kennis en kunde.
- De afsluiting van een les of activiteit.
  Zoals je begint, eindig je bij voorkeur ook: met muziek! Paragraaf 8.3 laat je zien hoe je een geslaagde les kunt eindigen met een activiteit die de kinderen nieuwsgierig maakt naar de volgende les. En als je dan tóch over muziek wilt praten, krijg je daar handreikingen voor.

Als je hoofdstuk 8 beheerst:

- Kun je de inhoud en opbouw van een les of activiteit analyseren.
- Kun je inschatten wat een les/activiteit van jouw 'kennis en kunde' vraagt.
- Ben je in staat je voorbereiding daarop af te stemmen.
- Ben je in staat te beoordelen of je – op dat moment -voldoende bent toegerust.
- Kun je een eigen inbreng in een les/activiteit realiseren.
- Kun je zelf lessen/activiteiten samenstellen of bewerken.
- Ben je in staat een les/activiteit af te stemmen op jouw groep.
- Weet je dat muzieklessen vooral over muziek moeten gaan!
- Heb je de **Meesterproef 8** met succes volbracht.

hoofdstuk 8 **ACTIVITEITEN - VIJFHOEKMODEL**

Oefening 8.1 **Jouw stand van zaken**

Opdrachten:

1. Beschrijf van de hoofdstukken die je bestudeerd hebt wat je nu beheerst en wat nog niet. Geef daarbij aan wat je nog wilt aanpakken.

Hoofdstuk	Deze onderdelen beheers ik voldoende:	Deze onderdelen beheers ik onvoldoende:
Muziek en muzikaal gedrag		
Zingen		
Luisteren		
Bewegen		
Grafische notatie		
Traditionele notatie		
Maken		

2. Ik moet dus nog stevig aan de slag met:

____

____

____

____

____

____

Oefening 8.2 **Wie is de baas?**

Opdrachten:

1. Formuleer bij deze activiteiten het dominante lesdoel als een werkwoord. Begin elk doel met 'De kinderen kunnen'. Gebruik ook het ondersteunende domein.

Activiteit	Dominant	Onder-steunend	Doel
Dansen	Bewegen	Luisteren	De kinderen kunnen ___
Een liedje begeleiden	Maken	Zingen	De kinderen kunnen ___
De maat spelen	Zingen	Maken	De kinderen kunnen ___
Speelstukken	Maken	Lezen en noteren	De kinderen kunnen ___
Plaatjes kiezen bij muziek	Grafische notatie	Luisteren	De kinderen kunnen ___

2. Bij welke van deze activiteiten is luisteren dominant? Omcirkel het juiste antwoord!

Luisteren en ……..	Activiteit	Luisteren is
Zingen	Zing de voorgezongen melodie na.	Dominant / Ondersteunend
Bewegen	Beweeg op de (steeds verschillende) maatsoorten	Dominant / Ondersteunend
Lezen en schrijven	Kies de juiste notatie bij wat je hoort.	Dominant / Ondersteunend
Maken	Improviseer pentatonisch een antwoord op een muzikale vraag of in een bluesschema.	Dominant / Ondersteunend

3. Noteer een of meer activiteit(en) waarbij je lezen en/of noteren als ondersteuning kunt gebruiken.

Lezen / noteren en:	Activiteit
Zingen	
Bewegen	
Luisteren	
Maken	

Oefening 8.3 **Duizendpoot?**

Houd bij het aankruisen van de figuren deze plaatsing van de domeinen aan.

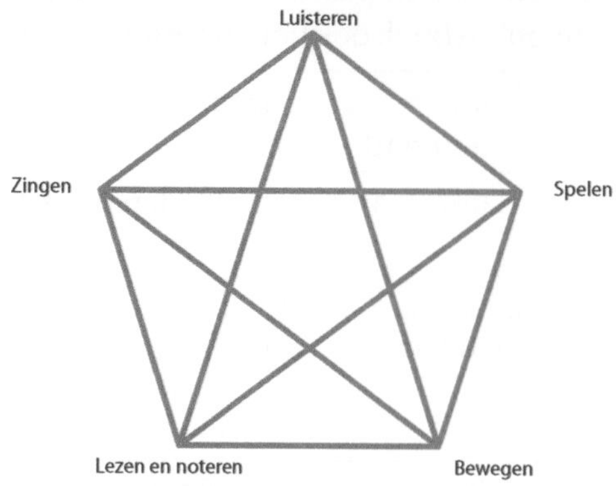

Verbind combinaties van drie of vier domeinen met elkaar waarvan jij vindt dat je ze voldoende beheerst om ze met vertrouwen in de klas uit te voeren.

Activiteiten met drie domeinen

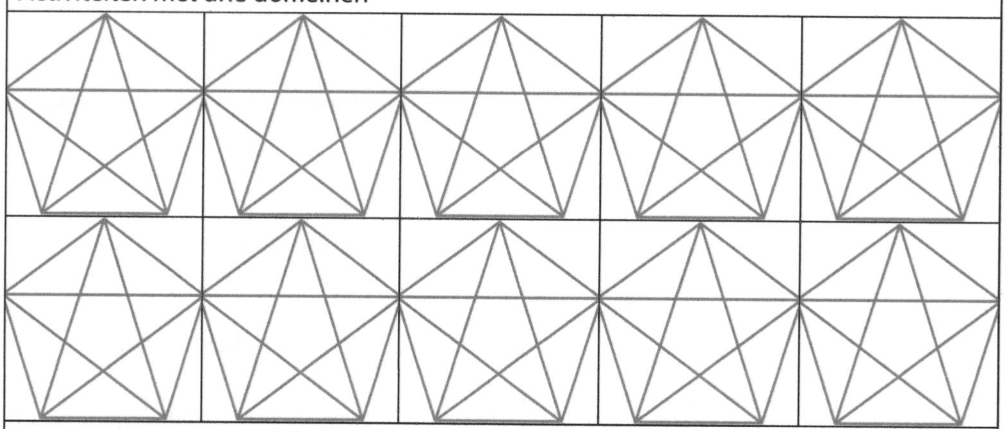

Activiteiten met vier domeinen

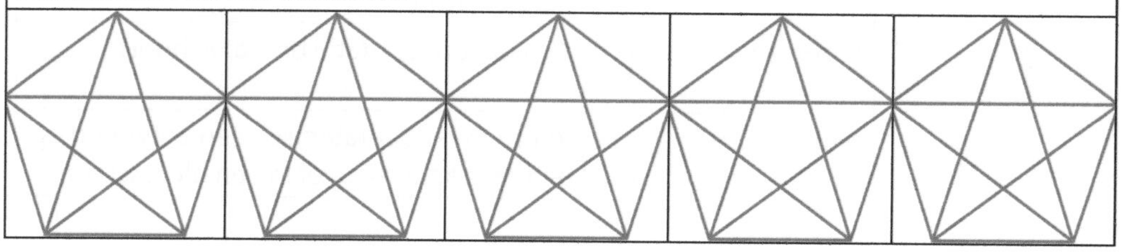

Oefening 8.4 **Going out with a bang**

Noteer bij elk van deze drie domeinen voorbeelden van het gedrag van kinderen waaraan je kunt zien of een activiteit geslaagd is. Formuleer het gedrag als een beoordelingscriterium. Houd daarbij rekening met het dominante domein en het lesdoel. Bespreek je criteria met medestudenten.

Dominant	**Criteria**
Zingen	
Bewegen	
Maken	

Oefening 8.5 **Analyse methodelessen**

Doe Oefening 8.5 samen. Het 'Analyseformulier methodelessen' staat op de website.

Opdrachten:

1. Kies ieder twee of drie verschillende lessen en beschrijf die met behulp van het analyseformulier. Bepaal welke van de domeinen in de Inleiding, Kern en Afsluiting gebruikt worden. Accentueer de onderling verbindende zijden in de figuur.
2. Noteer welk domein dominant is en welk(e) ondersteunend.
3. Formuleer een lesdoel met:
   - het dominante domein als werkwoord;
   - vermelding van het of de andere domein(en).
4. Bepaal van Werkblad 8.1 en Werkblad 8.3 welke lessen je probleemloos kunt geven.
5. Formuleer welke kennis en kunde jij nog nodig hebt om je lesrepertoire verder uit te breiden.

Meesterproef 8 **Vijfhoekmodel**

Met deze **Meesterproef** sluit je hoofdstuk 8 af. Je kunt **Meesterproef 8** toevoegen aan je vakdossier of Portfolio.

1. Zoek op internet een muziekles. Typeer de les in het vak 'De muziekles' met betrekking tot:
   - Vakinhoud (Wat?)
   - Afwisseling tussen domeinen (Hoe?)
   - Keuze werkvormen (Vorm?)

Muziek (wat)	**De muziekles**	**Gedrag (hoe)**
Klank Vorm Betekenis		Zingen Luisteren Bewegen Lezen en noteren Muziek maken
	Receptief Reflectief Productief Reproductief	
	Verwerkingsvormen	

2. Beoordeel de kwaliteit van de les. Onderbouw je oordeel.
   - Wat vind je goed aan de les?
   - Wat kan er beter aan de les?
   - Wat mis je in de les?

3. Zoek een representatieve les in een muziekmethode voor de basisschool. Analyseer deze les op dezelfde manier.

Muziek (wat)	De muziekles	Gedrag (hoe)
Klank Vorm Betekenis		Zingen Luisteren Bewegen Lezen en noteren Muziek maken
	Receptief Reflectief Productief Reproductief	
	Verwerkingsvormen	

4. Bepaal wat je ter voorbereiding moet bestuderen om deze les te kunnen geven. Gebruik daarbij ook het 'Analyseformulier methodelessen' uit Oefening 8.5. Je kunt het op de website vinden.

Hoofdstuk	Deze onderdelen moet ik beter beheersen

5. Werk een les uit oefening 8.5 als lesvoorbereiding uit m.b.v. het voorbereidingsformulier van je opleiding. Geef de les in je stagegroep en reflecteer achteraf op je kennis en kunde. Doe dat aan de hand van vragen als:
   - Had ik voldoende kennis over de les?
   - Had ik voldoende kunde over de les?
   - Was de les leuk? Wat deed ik om dat te stimuleren?
   - Wat bereid ik voor een volgende les beter voor?
   - Welke drie sterke punten neem ik uit deze les mee?

Hoofdstuk 8 ANTWOORDEN - VIJFHOEKMODEL

Oefening 8.2 Dominant of ondersteunend, opdracht 2 – Wie is de baas?

Luisteren en…	Activiteit	Luisteren is
1. Zingen	zing de voorgezongen melodie na	Ondersteunend
2. Bewegen	beweeg op de (steeds verschillende) maatsoorten	Ondersteunend
3. Lezen en schrijven	kies de juiste notatie bij wat je hoort	Dominant
4. Maken	improviseer pentatonisch een antwoord op een muzikale vraag of in een blues schema	Ondersteunend

Hoofdstuk 9

VISIE OP MUZIEKONDERWIJS

Als je muziekonderwijs geeft, is het belangrijk dat je nadenkt over waarom je dat doet en hoe je jouw onderwijs wilt invullen. Dit hoofdstuk helpt je om een opvatting – een visie – te ontwikkelen.

Waar gaat dit hoofdstuk over?
Muziek, muziekbeleving, muzikaal gedrag en muziekonderwijs zijn geen onafhankelijke grootheden. Sterker nog, ze zijn stevig ingebed in een persoonlijke en een maatschappelijke context. Het is dus niet alleen van belang wat muziek voor jou persoonlijk betekent, maar ook welk belang onze maatschappij aan muziek toekent en hoe zich dat vertaalt in opvattingen, het belang en gebruik van muziek, in regelgeving en – relevant voor jou – in muziekonderwijs.

Dit hoofdstuk is bedoeld om jouw visie op muziekonderwijs te voeden. Het staat stil bij jouw eigen geschiedenis met muziek en bij de vraag hoe onze samenleving naar muziek(onderwijs) kijkt.
Om die visie te kunnen ontwikkelen krijg je informatie over vier manieren van kijken naar muziek en muziekonderwijs, vier perspectieven:

1. Muziek als muzikale vorming.
2. Muziek als maatschappelijke vorming.
3. Muziek als persoonlijke vorming.
4. Muziek als middel (instrumenteel).

Nadat je deze context en invalshoeken hebt verkend, is het tijd je eigen visie te formuleren. Dat doe je onder andere in de **Meesterproef**, de afronding van dit hoofdstuk 9.

Beheers je de basisstof van hoofdstuk 9, dan:

- Weet je in welke persoonlijke en maatschappelijke context muziek staat.
- Ken en herken je vier invalshoeken (perspectieven) van waaruit muziekonderwijs ingevuld kan worden.
- Ben je in staat een eigen visie op muziekonderwijs te ontwikkelen en te formuleren.
- Ben je in staat die visie te onderbouwen en aan anderen uit te leggen.
- Kun je jouw lespraktijk afstemmen op je visie op muziekonderwijs.

Hoofdstuk 9

ACTIVITEITEN VISIE OP MUZIEKONDERWIJS

Oefening 9.1 Muziek in mijn dagelijks leven

Opdrachten:

1. Beantwoord deze vragen.

- Wanneer heb jij voor het laatst naar muziek geluisterd?

- Dans je als je op een 'party' bent? Waarom doe je dat?

- Luister je naar muziek met je telefoon? Wanneer en waarom doe je dat?

- Luister je wel eens samen met een ander naar muziek? Waarom doe je dat?

- Luister je liever alleen, of juist liever samen met een ander naar muziek? En, wat is het verschil met 'alleen' naar muziek luisteren?

- Maak je wel eens muziek (zingend of spelend)? Waar en waarom doe je dat?

2. Trek je conclusie: Wat betekent muziek voor jou?

Oefening 9.2 **Mijn lessen tot nu toe**

De bron bij deze oefening staat op de website.

Opdrachten:

1. Kijk terug op vijf muzikale activiteiten die je – al of niet samen met kinderen – hebt gedaan. Noteer de titel van de activiteit en geef een korte typering in de tabel.
2. Bepaal het doel van de activiteiten (let op dominant en ondersteunend) en noteer dat.
3. Bepaal of je doelen en activiteiten aansluiten bij de uitwerking van kerndoel 54 op de website en licht je antwoord kort toe.

Titel	Typering	Doel	Toelichting
1.			
2.			
3.			
4.			
5.			

Oefening 9.3 **Weet wat je hoort!**

De bronnen bij deze Oefening staan op de website.

Opdrachten:

- Noteer vier onderling duidelijk verschillende producten die je zelf regelmatig koopt.
- Beluister de twee fragmenten bij elk product en noteer welk fragment het beste past.
- Licht kort toe waarom en geef aan wat jij aan wilt aanpassen om de eigenschappen van 'jouw' product beter tot zijn recht te laten komen.

Product	Frag-ment	Waarom?	Aanpassingen
1.			
2.			
3.			
4.			

Oefening 9.4 **Muziek en creativiteit**

Op dit plaatje uit ***Asterix en de Noormannen*** zijn veel geluiden verbeeld.

Bron: Asterix en de Noormannen, Gosciny en Uderzo (Geïllustreerde pers Amsterdam, 1971)

Opdrachten:

1. Ontwerp een geluidscollage (Soundscape) van ongeveer 45 seconden.
2. Gebruik alles wat geluid maakt (instrumenten, voorwerpen, bodysounds, etc.).
3. Neem de geluiden op tot een echte Soundscape (als in 'landscape').
4. Beluister je resultaat kritisch en verbeter het indien en waar nodig.

Oefening 9.5 **Zet die knop om!**

Opdracht: Bedenk twee korte muzikale activiteiten: activiteit 1 om 'stoom af te blazen' en activiteit 2 om 'concentratie te stimuleren'.

Doel	Muzikale activiteit
Stoom afblazen	
Concentratie stimuleren	

Oefening 9.6 **Wisselmuziek**

Opdracht: Noem twee activiteiten waartussen je kunt wisselen en noteer per activiteit een ondersteunend wisselliedje.

Activiteit 1	Activiteit 2	Wisselliedje

Oefening 9.7 **De kern van mijn visie**

Het schema dat jij bij deze opdracht kunt gebruiken, staat op de website.

Opdrachten:

1. Selecteer uit de vier perspectieven jouw top vijf van 'kernpunten'. Neem daarin ook je eigen ervaringen mee (Oefening 9.1 en 9.2).
2. Noteer van elk kernpunt waarom je dat belangrijk vindt.
3. Geef bij elk kernpunt aan wat voor muziekles daarbij past. Benoem het domeinen (dominant en ondersteunend) en welke van de drie elementen (KVB) je gebruikt.
4. Beschrijf kort het verloop van jouw 'kernles'.
   Als je wilt kun je daar een indeling als voor gebruiken. Het volledige schema – met een ingevuld voorbeeld – kun je op de site downloaden.

Kernpunt	Motivatie	Domein	Klank – vorm – betekenis	Korte lesbeschrijving

Meesterproef 9 **Visie op muziekonderwijs**

Het schema dat jij bij de Meesterproef nodig hebt, staat op de website.

Met deze Meesterproef sluit je dit hoofdstuk over visieontwikkeling af. Samen met het schema uit Oefening 9.7 schetst de uitkomst van deze Meesterproef de praktijk van het onderwijs in:

1. jouw eigen opvattingen;
2. de opvattingen van je school.

In de praktijk hoeven die niet altijd overeen te komen.

Opdracht: Bekijk de muziekmethode die op school wordt gebruikt of bekijk het leerplan muziek dat de school heeft geformuleerd. Sluit die visie en werkwijze aan bij jouw vijf kernpunten? Onderbouw je conclusie per kernpunt. Een volledig schema vind je op de website.

Waar sta ik voor?	Welke muzieklessen horen daarbij?	Onderbouwing